飆股女王林恩如 超簡單投資法

最簡單的方法，
最不簡單的投資報酬率

林恩如 著

看見簡單裡的不簡單

我的經歷，你的借鏡

　　「剛開始心中的一個小火種，點燃之後所發出的火光竟意外燦爛！」這是 24 年投資生涯的心情寫照。從小生長在交易之家，父母親是生意人也是全程參與台股的資深股民，在忙碌的工作之餘，最熱衷的就是股票投資。記得在懵懵懂懂的孩童時期，父親就開始教我金錢及投資觀念，經年累月的潛移默化之下，在我年幼的心中種下投資的小火種。

　　踏入社會後因緣際會進入知名證券商當開戶小妹，剛開始負責開戶、集保、信用、出納、打單等櫃台工作，那時台股正值萬點行情，交易市場熱絡，於是公司大幅擴編，我輪調至前線擔任營業員，負責股票買賣業務。但是，多數的客戶習慣找資深業務員服務，以為這樣容易打聽到市場明牌，當時我才 20 歲，因為資歷太淺總是被客戶拒於千里之外。不過，不服輸的個性以及抱持著不求人的心態，我決定自己當大戶，靠當沖就能達到業績目標，從此展開我的專職交易之路。

當時年輕氣盛總認為自己可以快速致富，短線當沖交易成為我的生活重心，每天都在尋找任何可能的投資機會，將時間全部花在關注全球股匯市的表現、閱讀多份財經報紙。一早8點45分開始繃緊神經，全神貫注在期貨盤，接著9點交易現貨，目光無時無刻緊盯盤勢，記錄著每一個行情的跳動，中午收盤之後接續看日股、美股等國際市場，深怕遺露任何機會及訊息。每天上緊發條的高壓生活步調，長期下來實在吃不消，毫無生活品質可言。

　　日復一日的當沖生活過了10年，回首來時路，那時我真像一個職業賭徒，因為進出交易金額大，所以不把輸贏當一回事，不可一世的態度，讓我的價值觀徹底偏差。當時當沖交易就像在豪賭，贏了就貪心怪自己怎麼沒有梭哈；輸了就不甘心寄望下一把一次回本。其實，戶頭裡的錢很少是從價差獲利，即使有也只是微利，多數的錢都是交易手續費折讓，原來我一直在玩「吃角子老虎」遊戲機，只是拿回之前先支付的錢而已。反之如果沒有靠大量交易先繳出高額的手續費，我根本沒有收入，簡直就是白做工，然而這一段當沖經歷讓我對金融市場有更深入的認識。

　　在職場生涯中，看盡證券交易廳的百態，觀察法人、市場大戶、散戶的交易手法，清楚知道某些特定人才是贏家，於是我開始解析贏家之所以能屹立不搖的原因，扭轉散戶總是賠錢的宿命。走過撞牆期，鑽研各種技術分析、研究各方數據、財報，最後發現何不直接回歸到市場最真實的大數據，透過多年實戰交易累積經驗，慢慢整理出自己

的投資策略「超簡單投資法」，這次不再是橫衝直撞，而是定心定性的優雅投資。

十年磨成一劍，我在股海 24 年的時間磨出了兩把劍，第一把劍是磨「心」，第二把劍是磨「耐性」，散戶在股市往往鎩羽而歸的原因都是一心想賺大錢，而忽略培養正確投資觀念，強化投資心性的重要性，正所謂「財不入急門」，建議投資人進入市場前優先考量風險，進場前必須做最好的準備及最壞的打算，才不至於在發生風險時束手無策，以有限的風險賺取無限的獲利，真正的以小搏大，複製成功交易模式並反覆操作，達到「大賺小賠」的投資結果。

金融市場是一個人人平等的舞台，做好交易可以翻轉人生，人生不應該被交易捆綁，請將時間花在其他有意義的人事物上。

感謝家人一路上的支持，更要感謝父母親從小就幫助我培養良好的投資理財觀念，一路陪伴，記得 20 多年前，為了提高當沖的信用額度，是父母親冒著可能會失去房子的風險拿房契當信用抵押，讓我能順利提高融資級數順利交易，若沒有雙親的不動產擔保，我無法擁有巨額且豐富的投資經驗，記得過去交易失利慘賠時，媽媽生氣地對我說：「真不曉得這樣是害你還是幫你！」現在可以非常肯定的說，都是因為父母親的好眼光成就了我，那個幼年時埋下的小火種，現在已經發出燦爛火光，

同時，感謝全曜財經資訊李岳能先生率領優質的團隊，從軟體的編寫到解決用戶的疑難雜症，正因為有這一大群幕後功臣鼎力相助，讓我可以順利推廣超簡單投資，讓更多投資人知道交易可以很優雅，賺錢真的可以很簡單。

　　從事理財推廣這些年來，看見各地學員的回饋，每個人都有著不同的故事，看到他們分享逆轉勝的歡喜過程，我衷心祝福，感謝每一位願意見証超簡單投資的學員，願你我一起創造更多的幸福共好。「敬天愛人」是我很喜歡的一句話，做一個喜樂的人，把自己喜歡的投資事，與您分享。

　　此書獻給在投資路上正在尋找財富之鑰的人

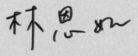

目錄
CONTENTS

| 自 序 | **我的經歷，你的借鏡**   4

第 1 章

20 年後，遇見財務自由的你

LESSON **01** **未來 20 年，你將面臨什麼？**   16
    ▶ 未來 20 年將面臨通膨威脅   16
    ▶ 利用「開源」與「節流」，降低通貨膨脹影響   20
    ▶ 面對未來，請超前部署人生規劃   20

LESSON **02** **理財規劃就是生涯規劃**   22
    ▶ 理財規劃是人生當務之急   22
    ▶ 理財規劃 4 步驟   25
    ▶ 失敗的理財規劃常見原因   29

LESSON **03** **拒當月光族，訂定存錢計畫**   32
    ▶ 設定目標，存下第一桶金   32
    ▶ 找到適合自己的存錢方式   35
    ▶ 克服挫折，存錢好簡單   38

LESSON **04 投資自己，穩賺不賠**   40

▶ 聰明的你，就是要投資自己   40

▶ 投資新手必做的事   41

▶ 投資股票不應該做的事   47

LESSON **05 賺多少資產，才能實現財務自由？**   50

▶ 全方位財務自由，享受快活人生   50

▶ 創造被動收入，實現財務自由   51

▶ 財務自由不等於什麼都不做   52

第 2 章

進入股市前，先要有正確心態

LESSON **06 投資之前先做好四大心理準備**   56

▶ 心理準備 1：先了解自己的個性   56

▶ 心理準備 2：計算最大的承擔風險   58

▶ 心理準備 3：準備好投資本金   61

▶ 心理準備 4：認識資本市場   62

LESSON **07 認識常見的投資工具**   66

▶ 看懂投資工具，你握有選擇權   66

▶ 「股票」是公司發行的有價證券   69

▶ 新手看過來，搞懂股票的三大特性   71

▶ 投資美股，等於投資全世界   72

▶ 掌握美股三大特性   75

▶ 「期貨」是未來的買賣契約　　77
▶ 了解期貨三大特性　　78
▶ 以小搏大，認識期貨三大優勢　　80
▶ 海外期貨的四大優勢　　82

LESSON 08　**第一次投資股票最容易上手**　　85
▶ 投資新手的股市入門　　85
▶ 第一次交易看過來：股票操作流程　　86
▶ 股票的三大面向　　89
▶ 投資股票類型　　95

LESSON 09　**學習波段交易，輕鬆賺大錢**　　102
▶ 股市永遠是「多空循環」　　102
▶ 波段操作是致富關鍵　　104
▶ 「週線圖」一眼看出個股走勢　　105
▶ 投資策略一種就好　　106
▶ 面對股市黑天鵝，有準備就可無懼　　108
▶ 回顧台股金融危機大事紀　　110

LESSON 10　**堅守紀律，不當股市賭徒**　　112
▶ 你該懂得正確的投資心態　　112
▶ 股市賭徒的常見心態　　115

第 3 章

懶人投資心法，不看盤輕鬆加薪

LESSON **11　掌握關鍵投資心法**　　120
　▶ 投資心法 1：穩賺不賠的投資，就是投資自己　121
　▶ 投資心法 2：堅持信念，永不放棄　123
　▶ 投資心法 3：不間斷練習，越賺越上手　124
　▶ 投資心法 4：想敗部復活，請留保命錢　125
　▶ 投資心法 5：不想認賠，你會賠更多　126

LESSON **12　超簡單投資法**　　128
　▶ 超簡單投資法，適用任何金融商品　128
　▶ 認識四大法寶　131
　▶ 出現四大訊號請立刻停損　140
　▶ 善用工具，學會選股　145

LESSON **13　輕鬆學會台灣 50 ETF 投資法**　　148
　▶ 誰適合投資台灣 50ETF ？　148
　▶ 投資台灣 50 ETF 的 3 種方式　149

LESSON **14　設定停損停利點**　　157
　▶ 最佳停損停利點，建立在好的買點上　157
　▶ 掌握四大停損停利法則　160

LESSON **15　三不一沒有，不盯盤獲利法**　　165
　▶「不」聽，自亂陣腳得不償失　167
　▶「不」看，看了也無濟於事　167

▶「不」說，學著跟自己對話　　　　　　　　167

▶「沒有」穩賺不賠，賠錢是賺錢必經之路　169

LESSON **16**　**大賺小賠，很多人都做到了**　　171

　▶ 沒有穩賺不賠的投資　　　　　　　　　171

　▶ 聚焦四大錯誤投資心態　　　　　　　　174

　▶ 簡單的方法最好用　　　　　　　　　　176

第 4 章

開始聰明理財，選對股是關鍵

LESSON **17**　**個人理財規劃就從「現在」做起**　　180

　▶ 從「現在」起，就要做好理財規劃　　　180

　▶ 做好資產分配，讓錢為你工作　　　　　183

　▶ 投資是雙面刃，掌握風險最重要　　　　186

LESSON **18**　**聰明選股，練習排序做選擇**　　187

　▶ 選你所愛，愛你所選　　　　　　　　　187

　▶ 超簡單投資法，看圖選股好簡單　　　　188

　▶ 跟著類股輪動，找出領頭羊股票　　　　189

　▶ 檢視個股 K 線圖，好股票自然浮現　　　192

　▶ 訓練投資心性，坦然面對漲跌　　　　　192

　▶ 打破選股盲點，靠獨立判斷的頭腦　　　193

LESSON **19** **定時健檢手中持股** 198
   ▶ 持股健檢，定期管理 198
   ▶ 股票健檢的重點與頻率 199

LESSON **20** **超簡單投資法，全球金融市場通用** 204
   ▶ 超簡單投資法行遍天下 204

| 附錄一 | **致富 QA 大進擊** 212
| 附錄二 | **股市常用名詞解釋** 222
| 附錄三 | **歷年下市公司** 234

| 後　記 | **當自己的人生資產管理師** 234

第 1 章

20年後，遇見財務自由的你

你想要未來過什麼樣的生活呢？是富裕的生活還是拮据的生活？該做什麼投資、存多少錢才能達到財務自由？

財富指的是一切有價值的物品，當我們身心靈都達到滿足，不必為了養家餬口而汲汲營營時，就是財務自由。想要達到財務自由首先要充實自己，並提早做好理財規畫、學習投資、創造足夠的被動收入，才有機會實現。

未來 20 年，
你將面臨什麼？

「20 年前，到巷口麵店飽餐一頓，隨意點一碗乾麵、一盤滷味再加上一碗熱湯，算一算不用 50 元，但現在點一模一樣的餐點卻要破百元，為了不讓荷包失血，只好不點小菜和熱湯，免得錢都花掉了……。」

▶ 未來 20 年將面臨通膨威脅

上述的情境熟悉嗎？這是一個通貨膨脹的過程，也是通貨膨脹的結果。未來 20 年我們將面臨什麼呢？答案很簡單，就是「通貨膨脹」。大家對於通貨膨脹或許會感到害怕，甚至有人會用怪獸、恐龍形容，通膨就像怪物一樣會把錢吃掉，因為它正代表著錢縮水了。

根據統計顯示，近 20 年來台灣消費者物價指數（CPI）每年約上漲 0.98%，也就是大約 1% 的漲幅，但若是遇到像是次級房貸、石油危

機等重大經濟事件，消費者物價指數就會大幅上升，低則 20%、高則 50% 的比例，將會拉高整體平均值，因此平均來說消費者物價指數每年的漲幅約 3%。

消費者物價指數			
年	漲跌率（%）	年	漲跌率（%）
89	1.26	99	0.97
90	-0.01	100	1.42
91	-0.20	101	1.93
92	-0.28	102	0.79
93	1.61	103	1.20
94	2.31	104	-0.30
95	0.60	105	1.39
96	1.80	106	0.62
97	3.52	107	1.35
98	-0.87	108	0.56

資料來源／中華民國統計資訊網

那麼 3% 大約是多少呢？以價值 100 元的商品為例，每年上漲 3%，第 1 年之後價格來到 103 元，第 2 年為 106.09 元，可以參考以下算式：

第 1 年：$100 \times 1.03 = 103$

第 2 年：$103 \times 1.03 = 106.09$

第 3 年：$106.09 \times 1.03 = 109.2727$

第 4 年：$109.2727 \times 1.03 = 112.5509$

⋮

第 19 年：$170.2433 \times 1.03 = 175.3506$

第 20 年：$175.3506 \times 1.03 = 180.6111$

短期來看，與前一年度相比差距甚少，並不會有太多感覺，但是，通貨膨脹其實是一個長期累積的過程。我們將時間拉長來看，經過複利計算就可以發現 20 年後價值 100 元的商品幾乎漲了一倍，來到 180.6 元，尤其對於房屋、土地等大型資產的價值影響很大，導致現代人常常有居住大不易的感受。

　　假使我們的薪資也跟著成長，加薪幅度若大於 3%，那麼當然不會認為錢變少了。不過，從目前勞工普遍起薪為 22k ～ 25k 的情況，加上每一年的加薪幅度不一定，薪水漲幅實在有限。然而，人們的平均壽命屢創新高，使得我們必須延長工作年限，以及找到投資報酬率大於 3% 的被動收入，才能累積足夠的財富，真正對抗通膨。

小故事　2,000 億馬克只能換到一條麵包

　　歷史上曾發生過幾次因戰亂而導致通貨膨脹的案例，最著名的是第一次世界大戰時，德國戰敗為了償還債務，開始大量印製鈔票購買外匯，以至於國內貨幣價值越來越低，當時 2,000 億馬克只能買到一條麵包。

● 通貨膨脹的原因

常見原因 1　大量印製鈔票

當政府大量印製鈔票，會使過多的現金流入市場，而市場上的商品有限，並不會因為多印鈔票的關係讓商品變多，實際上是供給量仍小於需求量。因此，人們為了買到想要的東西就願意掏出更多鈔票購買，導致物價上漲，造成通貨膨脹。

幸好，政府為了保障貨幣價值，通常會管控貨幣的流通，不隨意印製鈔票。印製鈔票的前提，包括考量國內生產總值（GDP）的成長比例、外匯存底狀況、通膨率等，經過評估之後，政府才會決定鈔票的印製數量。

常見原因 2　戰亂

因為現代使用的貨幣不是黃金或鑽石等有形資產，而是金屬硬幣和紙鈔，沒有實質價值，因此更需要國家的保障，當戰亂、國家政局不穩定，就無法保障貨幣價值。

● 通貨膨脹的影響

影響持有現金的人

通貨膨脹除了會造成貨幣貶值，最重要的是會衝擊持有現金的人。也許，我們以為從現在開始只要每月固定存錢，等到退休時就可以擁有一筆錢可以花用。然而，這筆錢經過時間的累積並不會因此增值，反而會因通貨膨脹而不夠用。

以銀行定存利息僅約 1% 來看，假設有 100 萬元的存款，經過 20 年的本金加利息計算，得到 122.019 萬元，戶頭只多了約 22 萬元，可見只有 1% 的利息是完全跟不上通貨膨脹 3% 的速度。

對抗通貨膨脹靠有形資產

除了現金之外，無法對抗通膨的資產還包括定存、儲蓄險、國民年金等，因為其價值會越變越小。反之，可以對抗通膨的則是有形資產，包括股票、股票型指數基金、黃金、不動產，它們不會因為貨幣漲跌而影響價值。

▶ 利用「開源」與「節流」，降低通貨膨脹影響

通貨膨脹是每個人都會遇到的事情，但需要思考的是：如何降低通膨對自己影響的程度？

想要降低通貨膨脹的影響，最重要的就是提高收入，就目前就業市場來看，不用指望公司能提供多優渥的薪資條件，因此我們更要創造收入。創造收入有兩個方法，那就是「開源」和「節流」，以「節流」來說，因為收入有限，就算再精打細算的生活，省下來的錢都不足以對抗通膨。

因此「開源」就顯得相當重要，開源的主要方式有兩種，一是當斜槓族，培養多種工作技能，從多方兼職獲得更多收入；另一種則是投資理財，前提是必須先了解自己、評估虧損風險，找到適合自己的方式才能開始投資理財。

▶ 面對未來，請超前部署人生規劃

現在該以什麼姿態來面對未來，與是否做好人生規劃息息相關。簡單來說，就是確立自己的人生目標，並且做好有系統的安排與計畫。

當決定好人生目標，才能為自己設定短期、中期、長期的里程碑，

並且朝著心之所嚮的未來一步一步的努力前進。但在邁向目標的過程肯定艱辛難耐，各種難題等著我們解決，畢竟人生的一切規劃大多是為了能夠在退休時過上富裕的生活。

假使我們在築夢的過程中冒出過多的慾望就會前功盡棄，也許很多人將「及時行樂、把握當下」奉為圭臬，反正也不曉得明天會如何，各種小確幸營造美好的生活，但這都是不切實際的假象。

因為，當收入還不夠充裕的情況下，這些想法都應該要避免，平時減少不必要的花費，例如高昂的治裝費、一頓動輒上千元的大餐等。若是真的有此需求則可以利用節慶促銷時再消費。

為了擁有自給自足、輕鬆愜意的退休生活，就必須要認知在達到目標之前的過程將十分辛苦，請及早落實人生規劃，才能享受往後的人生不愁吃穿。

理財規劃
就是生涯規劃

「今年 34 歲，在外商公司擔任行銷經理的 C 先生，月薪 6 萬元，年薪近百萬，相較於其他同年齡的人，待遇算是不錯。然而，因為對理財沒有概念，加上重視行頭，看到什麼就買什麼，也懶得儲蓄、投資，工作 10 年，存款竟然不到 50 萬元，面對銀行帳戶的數字也只能搖頭興嘆……。」

▶ 理財規劃是人生當務之急

每個人都必須重視理財規劃的重要性，它與生涯規劃環環相扣，人生是一條長河，每一個階段都需要理財規劃才能幫助我們完成生活所需及達成夢想。談到賺錢時，大家都希望能賺越多越好，那麼到底要賺多少錢呢？相信不是每個人都有確切的答案。

若是以退休金來說，依主計處所提出的數據保守估計，建議至少

準備 830 萬元。目前我國國民平均退休年齡約 60 ～ 65 歲，平均壽命為 80 歲，至少需要準備 20 年的資金才夠維持生活開銷。然而，退休後的花費只會更多不會變少，主要的花費包括生活費、娛樂費、醫藥費，分別計算如下：

生活費

107 年行政院主計處的統計數據顯示，國人每月平均開銷為 22,168 元（如下表），以 22,000 元計算，一年的生活開銷就需要 264,000 元。

年度	每月平均開銷（元）
101	18,774
102	19,416
103	19,978
104	20,421
105	21,086
106	22,032
107	22,168

資料來源／行政院主計總處

娛樂費

娛樂費以國內外旅遊為大宗，假設以每年國內旅遊開銷 30,000 元、國外旅遊 70,000 元計算，一年就需要 100,000 元的旅遊費。

醫藥費

根據衛生福利部統計資料顯示，每人每年醫藥費平均約 51,000 元（如下表），老年生活對於醫療需求增加，在準備退休金時，必須考

量醫藥費用的規畫，當然可以透過保險發揮作用，但畢竟保險無法提供完整的醫療保障。

每人每年平均醫藥費支出				
年度	總人口數（人）	醫療保健支出（百萬元）	醫療保健支出年增率（％）	平均每人（元）
101 年	23,270,367	929,311	1.74	39,935
102 年	23,344,670	974,250	4.84	41,733
103 年	23,403,635	1,017,106	4.40	43,459
104 年	23,462,914	1,052,773	3.51	44,870
105 年	23,515,945	1,108,119	5.26	47,122
106 年	23,555,522	1,149,199	3.71	48,787
107 年	23,580,080	1,206,968	5.03	51,186

資料來源／衛生福利部

接著將生活費、醫藥費、娛樂費加總並乘以 20 年，可得到以下數字：（264,000 ＋ 100,000 ＋ 51,000）×20 ＝ 8,300,000 元

也就是說，不計算通膨的情況下，至少要存 830 萬元的退休金，才能維持平均生活品質，但 830 萬元的存款不是靠一步登天，也不是靠單純儲蓄，需要透過系統性的投資理財才能達成目標。

聽到理財規劃有些人或許覺得陌生，但事實上我們無形中可能已經做過相關規劃。舉例來說，小美想在明年冬天到韓國滑雪，估計旅費 40,000 元，因此從今年起，每個月都必須額外存 4,000 元，10 個月後才足夠應付旅行支出，這就是理財規劃的一種方式。

▶ 理財規劃 4 步驟

在擬定理財計畫時，我們需要詳列自己的收支項目，妥善安排資金分配，才能繼續設定財務與人生目標，並選擇適合自己的投資方式進一步累積財富。可以依循四大步驟進行理財規劃，依序如下：

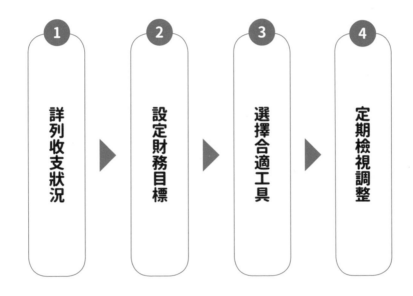

第 1 步 | **詳列收支狀況**

理財規劃的第一步是詳列收支狀況，依照每月薪資收入，檢視自己當月的消費內容，同時列出目前帳戶的存款數字與年度固定支出金額，包括保險、旅遊、孝親等項目，透過記帳方式了解自己都把錢花到哪裡去了。

記帳是掌握手中金錢流向的重要方法，平時若是沒有記帳習慣，大部分的人通常記不得自己買了哪些東西？做了什麼事？透過記帳才能逐一檢視自己的用錢方式，並從中學習分辨「想要」與「需要」的差異。

舉例來說，每天習慣喝一杯 50 元的手搖飲料，請問這是需要？還是想要？答案當然是想要。因為喝飲料這件事並沒有急迫性也不重要，不喝也不會對生活造成影響。所以必須透過反覆檢視與思考，才能大幅減少不必要的支出。

以月入 30,000 元的上班族為例，生活支出通常包括食衣住行育樂的開銷（如下表）。由下表來看，這位上班族每月必要開銷約 17,600 元，每月可存 12,400 元，雖然每年還有固定開銷包括繳稅、保險費等，不過通常可以與年終獎金相抵消。

項目	費用	支出占比
三餐費	12,000 元（400 元 ×30 天）	40%
交通費	1,500 元	5%
娛樂費	3,000 元	10%
電話、網路費	500 元	1.7%
其他（醫藥、生活用品）	600 元	2%
合計	17,600 元	58.7%

資料整理／林恩如

上述案例是以住在家裡的上班族為例，倘若是租屋族則每月還需額外支付房屋租金大約 8,000 ～ 10,000 元，那麼可以存下來的錢就更

少了，因此更需要避免不必要的開銷，包括娛樂費、飲料與零食費，若是想再多省一點錢，可以選擇自己帶便當，節省開銷。

小故事 **每天花不到 100 元的小資生活**

記得 20 多年前，我在證券公司上班，因為這是剛出社會的第一份工作，身上沒有存款，想要投資卻連進入的門檻都達不到，所以只能努力存錢，幸運的是那時住在家裡，沒有多餘的花費，每天只有早餐和交通費的支出。

還記得那時每天早餐只點培根蛋吐司 25 元，中餐由公司免費供餐，晚上就回家吃媽媽煮的晚餐。交通費的部分，每天騎著機車通勤，當時油價 1 公升 17 元，每週僅花 50 元的加油費，就這樣日復一日，每天花不到 100 元，順利月存 9 成薪水。加上獎金分紅、兩年後就存到人生的第一桶金 100 萬元，那些日子辛苦的控制預算，在看到帳戶裡的數字後，感覺一切都值得了。

第 2 步　設定財務目標

　　財務目標關係著想過何種人生，但人生不是想想就好，需要透過長期規劃執行才能達標。舉例來說，若是想在 30 歲存下第一桶金、35 歲結婚生子，40 歲買下第一棟房子，60 歲退休生活無虞，上述的希望都需要金錢來實現，因此做好財務分配，以及設立短期、中期、長期的財務計畫就更加重要。

　　財務分配方面，我們可以將收入三分法，包括生活必要支出、存錢、零用金，未來想過好生活建議對自己嚴苛一點，不要規劃太多零

用金的花費，若零用金占比過高，相對會降低存款金額，那就必須花更多時間才能完成人生各個階段目標。

各階段目標方面，所謂短期目標是指短期內想要做的事，例如計畫 3 年內存出第一桶金、兩年內進修取得碩士學位；中期目標則是比短期稍遠的目標，例如 5 年後結婚生子；長期目標則要將時間軸拉更長遠，就是需要更多時間和金錢的目標，像是買房置產、子女教育金、退休金等。

第 3 步　選擇合適工具

訂立好短期、中期、長期目標之後，接下來就要累積財富達成各階段的目標，除了工作收入、業外收入之外，最重要的是投資理財，包括股票、期貨、指數型基金、海外期貨、美股、黃金、外幣等都是投資工具。在投資之前，請先了解自己的投資個性，並且比較各種投資工具的優缺點，從中選出適合自己的投資方式。

第 4 步　定期檢視調整

對於規劃內容及執行方向，可以定期透過檢視目標，在執行時發現不合適之處，或是人生需求改變，甚至是外在環境變化，導致須將時間和金錢挪用他處，那麼就要微調方向，並且隨時追蹤新目標的執行狀況與成效，經過反覆的檢視調整，才能往人生最終目標邁進。

▶ 失敗的理財規劃常見原因

許多人都是從信心滿滿、胸有成竹的開始進行理財規劃，但總是半途而廢，有一搭沒一搭的執行，最終宣告失敗。一般來說，無法做好理財規劃最常見的原因大致可分為 4 種，包括賺多少花多少、對存錢無頭緒、以為傻傻存錢就好，以及懶得理財。

原因 1 **賺多少花多少**

沒有記帳習慣、購物慾望較強、縱容自己任意消費、喜歡及時行樂的人，通常都是「賺多少花多少」的典型生活型態。即使是生活富裕的人也有可能發生這樣的狀況，因此提早做好理財規劃，養成記帳習慣、學習分辨想要和需要將可慢慢改善。

原因 2 **對於存錢毫無頭緒**

每個人都是從存錢開始，累積資本才能隨心運用，不懂得存錢通常是對自己和金錢都不夠認識，或是對於花錢與存錢沒有計劃的人。萬事起頭難，請從現在開始存錢，了解自己的生活開銷，設定好儲蓄目標，強迫自己存錢，當養成存錢習慣，正視金錢之後，你就能輕鬆支配它。

原因 3 **以為傻傻存錢就好**

試想一個問題，學會理財投資與單純將錢放在銀行，哪一個方法才能累積財富？答案是前者，理財投資不僅可以將金錢做有效運用，

更能利用錢滾錢創造財富。但若只是將錢存入銀行，以目前定存僅利息 1% 來計算，短期常因為有固定領取微薄利息就能增加財富的錯覺，以為把錢放在銀行最安全，但長期來看，經過 20 年物價已上漲幾乎一倍，積蓄卻只增加 20%，完全跟不上通貨膨脹的速度，反而會有錢越來越小的感覺。

原因 4　**懶得學習理財**

所謂「你不理財，財不理你」，假使沒有花費時間與心力打理財富，那麼將難以進行各項人生規劃，也無法達到真正的財務自由，尤其現金會因為通貨膨脹而變小，錢也不會從天上掉下來，因此及早學習投資理財，做好資產配置，用心打造自己的財富，才有機會擁有優渥的生活品質。

飆股女王的投資金句

錢兒子賺錢的速度會比老子來得快！

拒當月光族，
訂定存錢計畫

「『我是小資族，今年 27 歲，月薪只有 3 萬元，每個月扣掉房租、交通費和閨蜜們出遊，一下子 2 萬元就花光，到底該怎麼存錢啊？存錢好累喔！』看著她一邊喝著連鎖咖啡店的昂貴咖啡，一邊唉聲嘆氣，答案已經很明顯，她花了太多金錢和時間在娛樂花費上，自然沒辦法存錢，也不知道錢花到哪裡去。」

▶ 設定目標，存下第一桶金

　　所謂「金錢有限、慾望無窮」就是上述案例中的享樂主義者常見的寫照，若是一直抱持即時享樂的想法，永遠都存不了錢。為了避免入不敷出，請痛定思痛下定決心先為自己存下第一桶金，再透過投資創造更多的財富，延後享樂才能真正體會財務自由的甜美果實。

小月光 VS 小理財的故事

小月光和小理財都是月薪 3 萬元的小資族，其中，小月光是一個極度享樂主義者，每月 5 號領到薪水就開始約朋友唱歌、逛街、吃美食，到月底常常荷包見底，每月戶頭裡僅剩幾百元至幾千元不等，一年下來，帳戶裡的存款連一個月的月薪都不到。

而同為小資族的小理財，知道剛出社會薪水不多，也不知道該怎麼投資才能利用錢滾錢創造更大收入。因此，他決定一邊工作、一邊存錢，同時學習投資，每月可以存下 2 萬元，一年之後，小理財的戶頭裡就有 24 萬元的存款。

發現了嗎？短短的一年之間，兩人就相差約 12.8 倍的存款，相信年復一年，沒有理財與有理財者的差距會越來越大，由此可見理財的重要性。

每月存款金額		
月份	小月光（元）	小理財（元）
1	1,000	20,000
2	2,000	20,000
3	500	20,000
4	600	20,000
5	700	20,000
6	3,000	20,000
7	2,000	20,000
8	1,000	20,000
9	900	20,000
10	2,000	20,000
11	3,000	20,000
12	2,000	20,000
總計	18,700	240,000

資料整理／林恩如

第一桶金應該是多少錢呢？建議小資族可先以「50 萬元」做為第一階段目標，之後再慢慢朝 100 萬元、200 萬元邁進。除了確立存錢目標之外，執行時間的落實也相當重要。我們以不同生活條件、月薪 3 萬元的小資族每月必要生活支出為例，一是與家人同住者應該兩年之內就能夠存到 50 萬元，一是在外租屋族因為有房租的支出，平均 4 年也能存下 50 萬元。參考算式如下：

住家裡		
項目	費用	占比
餐費	5,000 元	16.7%
交通費	1,500 元	5%
電話、網路費	500 元	1.7%
其他（醫藥、生活用品）	600 元	2%
合計	7,600 元	25%
存款金額	22,400 元	74.6%

資料整理／林恩如

租屋族		
項目	費用	占比
租金	8,000 元	26.7%
餐費	9,000 元（300 元 ×30 天）	30%
交通費	1,500 元	5%
電話、網路費	500 元	1.7%
其他（醫藥、生活用品）	600 元	2%
合計	19,600 元	65.3%
存款金額	10,400 元	34.7%

資料整理／林恩如

由上述圖表得知，每月除了必要的基本生活開銷，應該盡量避免非必要的娛樂與餐費的花費，省吃儉用以達到存錢目的。

> ▸ 住家裡：500,000 ÷（22,400 × 12）＝1.86（年）
> ▸ 租屋族：500,000 ÷（10,400 × 12）＝4（年）

▶ 找到適合自己的存錢方式

除了省吃儉用之外，這裡也列出一般常見的存錢方法，請評估自己的投資個性，找到適合自己的存錢方式才能養成好習慣。另外，第一桶金往往是憑著堅持的信念，不畏任何原因，每月存固定金額，才能在時間內達到目標。

方法 1 零存整付

「零存整付」是指每個月存入固定金額，同時收取機動利率的利息，到期後再加上利息一次領回。以每月存下 10,000 元來說，若年利率為 0.815%，到期利息為 531 元，連同本金就有 120,531 元。

零存整付適合剛出社會還沒有第一桶金的小資族使用，透過這樣的存錢方式不僅風險低，也能保有本金並賺取利息，同時訓練自己建立儲蓄習慣的好方法。

方法 2   進階版排序存錢法

　　「排序存錢法」可以設定日、週、月的時間單位，以「週」單位為例，例如第一週存 10 元、第二週存 20 元、第三週存 30 元……，以此類推累加，一年共有 52 週，到最後一週時會存 520 元，一年總計可以存下 13,780 元。

10 元 + 20 元 + 30 元 + ⋯⋯ + 520 元 = **13,780** 元／1 年 52 週

　　若是經濟能力許可，可以嘗試進階版的排序存錢法，每週以百元為單位，第一週存 100 元、第二週存 200 元、第三週存 300 元，以此類推……，到最後一週時存入 5,200 元，一年將可存 137,800 元，存款放大 10 倍，就可以於 4 年內存下 50 萬元的投資本金。

100 元 + 200 元 + 300 元 + ⋯⋯ + 5,200 元 = **137,800** 元／1 年 52 週

方法 3   整鈔帶出去存錢法

　　所謂「整鈔帶出去存錢法」適用於每月已有固定存錢習慣，但還想再加快存錢速度的人。這個方法是指出門時只帶千元大鈔，遇到必要消費時再花錢，回家之後存下剩餘的零錢，建議可以準備一個撲滿，每天將身上的零錢投入，日復一日，等到年末時結算，可以發現長期下來減少一些不必要的花費，同時又累積了一筆存款。

方法 4 信封袋存錢法

「信封袋存錢法」是指月初時先將薪水分成基本消費與強迫儲蓄，分別放入信封袋。以上述住家裡的小資族來說，可將薪水分成 5 份，分別放入 5 個信封袋，上面分別寫上餐費、交通費、電話網路費、其他、儲蓄。其中要儲蓄的部分不可動用，其他部分每天可以從信封袋裡的錢支出，等到月底再結算剩下的金額，再另外存入銀行帳戶。

👑理財 TIPS　**365 存錢法**

存錢方法百百種，每一種都有其擁護者。曾有新聞報導一名女網友利用 365 存錢法無痛存錢，第一天存 1 元、第二天存 2 元、第三天存 3 元，依此類推……，到第 365 天時存入 365 元，而她一天共存兩次，因此一年下來就存了 133,590 元。

飆股女王的投資金句

你不理財，財不理你。

▶ 克服挫折，存錢好簡單

　　許多人都有「月薪那麼低，哪有多餘的錢存下來？甚至是理財？」的疑問，但其實無論收入多寡都可以做好存錢這件事，這裡也列出多數人在存錢時常見的挫折，記得存錢時一定要克服心中的魔鬼，才能成功儲蓄。

（挫折 1 ）目標訂太高

　　剛開始存錢時，許多人都以短短幾年內存百萬元為目標，但卻沒有檢視自己的基本開銷，不切實際的目標就容易前功盡棄。存款目標必須要兼顧經濟能力及執行可行性，請按部就班訂立階段性目標，當完成第一階段目標時，再朝第二階段、第三階段目標邁進。

（挫折 2 ）意志不堅定

　　若是原本沒有儲蓄習慣，存錢時肯定痛苦萬分、無法走出原本的舒適圈的人更不能適應，容易出現「存錢好累又好難」、「原本生活比較快樂」、「人活著為什麼要那麼痛苦」等想法，此時記住堅持到底才能抵達終點。

（挫折 3 ）受不了誘惑

　　受不了誘惑除了本身物質需求較高，也可能來自各種優惠活動訊息的影響，像是新品上市、折扣季等，企圖喚起你的衝動消費。這時候一定要反問自己「是需要？還是想要？」，又或是延後 2~3 天再做

決定，另外也要避免與愛購物逛街的朋友出門，同儕之間的勸敗也是存錢大敵。

理財 TIPS) **21 天養成存錢好習慣**

行為心理學研究發現，人們養成一個新習慣至少需要 21 天，第一階段的 1 ～ 7 天會感到刻意、不自然；第二階段的 7 ～ 21 天還是會感到刻意，但已較能自然面對，不過還是需要意識控制；第三階段的 21 ～ 90 天就能不經意且自然，也不需要意識控制，就能夠自然養成某種習慣。

存錢也是需要習慣的養成，存錢的過程絕對會感到痛苦，因為無法任意支配有違人性，但只要撐過 21 天就能順利養成習慣，將存錢變成生活的一部分，按部就班累積財富。

LESSON **04**

投資自己，穩賺不賠

「在還搞不清楚資本市場的運作，以及如何投資理財之前，我靠著每天大量閱讀及交易，並且付出龐大的時間研究、了解各種投資方式，因為我相信，一旦了解箇中奧妙與邏輯，就能在投資上獲得豐厚報酬。」

▶ 聰明的你，就是要投資自己

上述的情境是我的親身經歷，回想那些年日以繼夜鑽研投資的時光，雖然辛苦卻充實，每天閱讀大量投資理財書籍、親手繪製 K 線圖，建立深厚的財經知識基礎，同時也抱持著學中做、做中學的精神，不斷累積實戰交易經驗，經歷過台海危機、中共試射飛彈、網路科技泡沫、金融海嘯等大股災襲擊，即使曾經慘賠，我依然不放棄，靠著堅定意志和努力學習，終於在投資的道路上，獲得財務自由。

有時遇到朋友問我：「投資到底該從哪裡開始呢？」這時我一定會問對方：「你想達到什麼樣的目的？目前還欠缺哪些能力和資源？」在釐清目的之後，接著就是充實能力以及檢視資源，而所謂資源並不一定是指金錢，人脈、時間等也包括在內，評估各方條件，務實的開始著手準備，當能力與資源完備後，就能以更有效率的方式進一步達成目標。

因此，學習投資的第一步就是投資自己，因為心中的恐懼往往都來自於無知，所以充實自我的知識和能力，並且真正靠自己學會，搞懂市場運作，才能少走冤枉路，開啟投資的康莊大道。

▶ 投資新手必做的事

初入股市的投資新手什麼都不懂，就像一張白紙，想要在白紙上畫出漂亮的圖案，就必須靠自己的努力。投資新手是最好塑形的階段，只要願意行動，學習正確的方法就能踏出成功的第一步。可以從三大方面著手，包括充實理財知識、嘗試實單交易、學習情緒管理。

方法 1 ┃ 充實理財知識

在投資之前擁有本金與充實相關知識相當重要，不少人進入股票市場都是跟風投資，完全不曉得自己在做什麼事，所以容易受到市場消息的影響，心情也跟著上下起伏不定，無法堅持而不斷更換投資方

法，誤以為什麼都學可以集各學派大成於一身，到最後變成任何投資方法都無法通透。

　　然而，我們進入市場無非就是想賺取價差，增加財富，每一次交易都將希望寄託在某一檔股票，最好市場趨勢不斷往上、股價日漸攀升，檔檔都能獲利，但別忘了那都只是投資人自己打的如意算盤。縱使我們明知股市有高低起伏的波動，但當市場開始回檔時，內心就跟著恐慌害怕，其實都是來自於看不懂趨勢和不了解市場運作，證明投資一定要靠自己懂，所以學習相關理財知識刻不容緩，上戰場之前請充分準備生存技能，才能面對戰役。

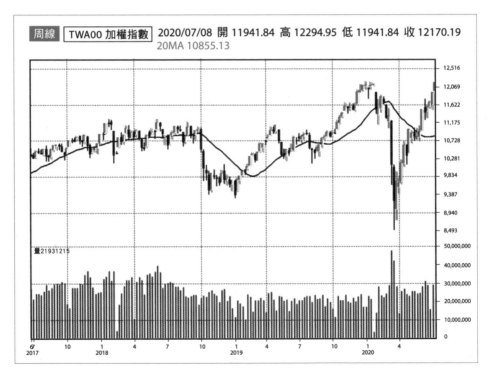

▲ 股市走勢圖：股市走勢圖不會穩定上升，通常會呈現略為上上下下的狀態。
（資料來源／強棒旺旺來）

> **理財 TIPS** 別跟風，賺到 **200 萬元背後的風險及本金**
>
> 某 A 因為投資某一檔股票賺了 200 萬元，他興奮的向朋友分享，因為
> 看準某檔股票一定會上漲，所以在低點時買進，短短幾個月就大賺 200
> 萬元。朋友聽到這裡相當羨慕，也開始猶豫是否跟著一起投資，但又
> 不知道何時是進場時機，只能每天跟著股價上上下下，心情跟著起伏
> 擺盪。
>
> 也許我們看到某 A 獲利 200 萬元令人欽羨，但我們沒有看到的是：他
> 背後投入的本金可能高達 4,000 萬元，換算下來投資報酬率僅 5%，並
> 沒有想像中來的高。

　　閱讀投資理財相關書籍與研究各種投資方法，是累積財經知識的
的基本功。現代人每天接觸大量的網路資訊，根本沒有時間閱讀，許
多人甚至認為讀一本書得花好幾天的時間，不符合效益。然而，書籍
是作者累積數十年的經驗和心得，讀者只需要花幾天的時間就能汲取
精華，實在是非常值得投資的事情。

　　股神巴菲特曾說：「沒有聰明人不閱讀的。」閱讀是一件投資報
酬率相當高的事情。挑選經過時間考驗、就算經歷過世代交替仍流傳
的書籍，包括知名投資大師的著作、一再出版的書等都是選書名單。

　　方法 2　**嘗試實單交易**

　　除了閱讀之外，準備一筆小額資金試著實單操作也相當重要。看
書或模擬下單雖然可以幫助自己學習投資，但卻無法取代真金白銀實

際進場交易的感受。所以，在充實理論之後，真正實務經驗才能累積投資功力。

當努力存下一筆閒錢，這筆錢建議至少 50 萬元，從中撥出 20% 嘗試買股交易，我們可以將這筆錢當成學費，即使賠錢也能實際感受投資的真實狀況與市場波動，並檢視自己的投資方式是否正確，才可以逐步修正找到最適合的投資方法。

（ 方法 3 ）**學習情緒管理**

投資交易的情緒管理非常重要，大多數成功投資者都是理性的，有一套屬於自己的穩定交易策略，透過有效的分析技能找出潛力股票。

然而，一般散戶之所以會成為輸家的原因，大多為盲目投資或短視近利，時常在股票起漲之際，趨勢剛發動時見股價稍有上漲就衝動賣出，往往接下來的股價走勢仍持續走高，此時只能飲恨或是重新進場；趨勢股起漲不會只在短時間內，但散戶常因有小獲利而賣出，造成短進短出賺不到大錢的狀況，面臨賺了指數卻賠了價差的局面，看得到卻吃不到。

投資者	心態狀況
盲目投資者	不理性、看不懂趨勢、沒有足夠的分析技能
聰明投資者	理性、充分分析、驗證才投資

投資理財的目的是希望可以賺到大錢而不是蠅頭小利，若只想在短時間內獲利，例如當沖交易的模式，可能僅賺取些微價差，卻容易在不賺不賠的情況下付出更多交易成本。

　　相對的，若是投資人能有穩定的心性，願意花時間觀察股價長期走勢、掌握趨勢、判斷型態與成交量，通常可以找到正確的進出場時機點，而不會隨意買進賣出股票。

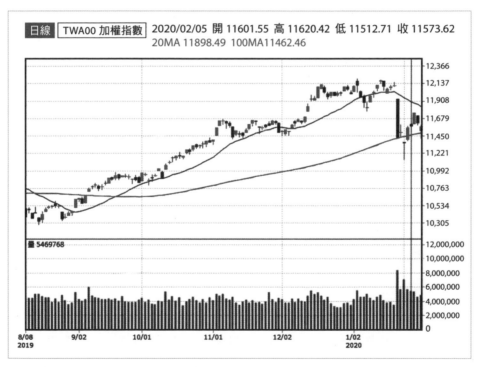

▲ 短期週期圖：短期週期常以日為單位觀察當日走勢。（資料來源／強棒旺旺來）

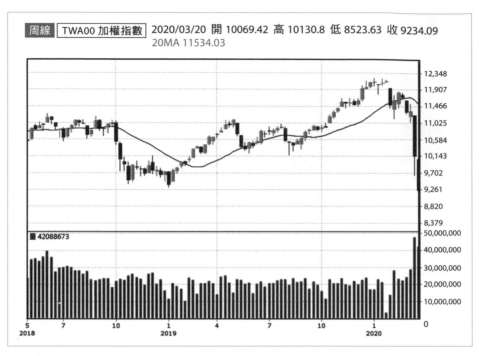

周線 TWA00 加權指數 2020/03/20 開 10069.42 高 10130.8 低 8523.63 收 9234.09
20MA 11534.03

▲ 長期週期圖：長期週期常以週為單位觀察走勢。（資料來源／強棒旺旺來）

　　想要避免跟風投資且不受他人影響，一定要知道「投資是自己的事」，當學會投資這門學問，擁有獨立判斷的頭腦，才能不畏金融市場的波動，同時要強化投資心性以及情緒管理，如此一來就不會受到他人影響。

　　此外，千萬不要詢問他人「現在是進場的好時機？」、「現在該買哪一檔股票？」、「還會繼續上漲嗎？」等問題，別忘了未來的事沒有人知道！為了保持獨立判斷的頭腦，請避免看網路、報章雜誌的各種財經報導，當心性不夠穩定時，這些訊息會干擾原本的投資原則，

秉持著「不聽、不看、不說」的規則，相信眼見為憑的走勢，成為聰明的投資者。

▶ 投資股票不應該做的事

　　投資新手進入股市，往往因為搞不懂規則，而走了許多冤枉路，繳了許多學費，甚至提早在股市畢業。投資股票千萬要避免以下三點，包括避免頻繁交易、從眾行為、不購買新上市的股票。

第 1 點　避免頻繁交易

　　投資是一輩子的事情，它需要時間的累積才能看得到成效，千萬不要短進短出，過度頻繁交易不見得獲利，反而會付出可觀的手續費。

　　舉例來說，今年一月買了一張 10 萬元的股票，一週買賣一次，每月買進賣出 4 回共 8 次，剛好每次進出成交金額都是 10 萬元，一年下來買賣各 50 次累積交易 100 次，在不賺不賠的情況下，就得支付 29,300 元的手續費，計算表如下：

交易成本 = 買賣手續費 + 證交稅						
股價	股數	成交金額	買進 * 手續費 0.1425%	賣出 * 手續費 0.1425%	證交稅 * 0.3%	合計
100 （元）	1,000 （股）	100,000 （元）	143 （元）	143 （元）	300 （元）	586 （元）

* 買進、賣出手續費皆為 0.1425%，此處四捨五入計算
* 證交稅僅需在賣出股票時支付

在不賺不賠的情況下，只要進出股市 100 次，光是手續費就高達本金的 29.3%，還沒有獲利就已經賠錢了。

第 2 點　避免從眾行為

散戶的投資模式大部分是賠錢居多，這是因為從眾行為造成的結果，投資沒有主見，人云亦云，又熱衷於短進短出，常常是小賺大賠收場。散戶都想要今天買、明天賺，再從中取得利潤，試想只有一天的時間，能夠有多大的獲利呢？別忘了，投資需要時間。

買股票實際上就是投資一間你看好的公司，期待它的成長為股東帶來獲利，投資人應該抱持實體投資的心態來購買股票，而非當成虛擬物品隨意買賣，當視買股為實物時，心態自然會更加謹慎，也較願意用心找出適當標的物，評估各項條件是否符合，認真挑選的股票才有機會從中獲利。

第 3 點　不入手新上市股票

新上市股票由於才剛問市，很多投資人會想參與蜜月行情，但無法掌握這檔股票的前瞻性及本質好壞，也不知道能否順利在市場上生存下來，基於可參考數據太少，建議投資人不要入手。

挑選股票請盡量以大型股為主，這一類的企業往往股本大、成立時間長，當趨勢形成時，走勢相當明顯，即使價格下跌也不至於下市，只要控制好風險，損失有限，只需要找一個相對位置就可以買進。

進場前先計算風險，而不是利潤

「進場前先想損失」，投資人在進場之前需要先評估自己可以承受的損失再進場。假設投資本金為 10 萬元，可以接受的風險為 8%，就是這一筆交易最多可接受損失 8,000 元。

評估自己的接受度後，尋找符合條件的標的就可以進場投資，進場後的股價漲跌就交給市場決定，只要控制好風險，一旦超出可承受的範圍就出場，如此才能保住本金再戰市場。

賺多少資產，
才能實現財務自由？

「一位富翁到一座小島度假，認識一位靠著小船捕魚的漁夫，當時他問漁夫為什麼不換一艘大船捕魚來賺取更多收入？漁夫反問他為什麼要這麼做？

富翁說：『這樣就可以賺更多錢、買更多船、擁有船隊捕更多漁獲，甚至開立公司賺更多錢享受人生呀！』但漁夫卻滿足的說：『我現在每天捕魚，晚上回家陪妻小，就已經在享受人生啦！』而富翁回答：『也許你已經滿足現狀，但這卻只是我人生的一部分。』」

▶ 全方位財務自由，享受快活人生

上述故事中兩位主角的生活形成對比，富翁因為擁有足夠的時間與錢財，所以可以到處度假遊玩；而漁夫因為沒有累積足夠的財富，只能日復一日的出海捕魚，晚上回家陪伴妻小，過著如同上班族的生活模式，簡單來說，他必須賺取生活所需，沒有選擇權。

「財務自由」簡而言之，就是不用再為了生活開銷而努力賺錢，並且達到任意支配金錢的狀態。它可以透過訂立明確目標、分階段計畫執行的方式，而被計算出到底需要存多少錢。不過，財務自由不僅僅是指金錢，而是指身心靈都是自由的狀態。當你不再為生活煩惱，不再被工作綑綁，可以自己支配金錢、時間和生活，隨心所欲做自己想做的事，那樣優雅、快樂的人生才完美。

▶ 創造被動收入，實現財務自由

　　想要實現財務自由就需要有被動收入，被動收入是指不需要花太多時間，就能產生持續的現金進帳。

　　被動收入包括房地產買賣、出租房屋、投資股票、賺取股利與價差、基金分紅、退休金等。其中，投資房地產與出租房屋是最常見的方式之一，但需要付出較高的成本，投入的時間也較長，投資門檻相對較高，一般人較不適合。

　　透過金融市場投資也是創造被動收入的方法之一，雖然市場具有不確定性，但卻可以透過正確的投資行為，事前計算風險、規避風險而賺取高額倍數的價差，而且，投入資金門檻和房地產相比低很多，現金週轉時間也較短，變現速度快，適合一般大眾。

小故事 **被動收入不會從天上掉下來**

每次外出拜訪客戶時，小恬總是拉著同事佩佩一起去知名連鎖咖啡店，喝一杯咖啡享受忙裡偷閒的時光，佩佩其實並不喜歡這樣，尤其每次買一杯咖啡要花上 110 ～ 140 元，一個月平均外出 3 次，累積下來是一筆開銷。

後來佩佩逐漸拒絕小恬的邀請，每次外出工作都獨立完成，省下喝咖啡的時間與金錢，並利用額外的時間完成工作，避免工作未完成要加班的窘境。

一年之後，佩佩每月平均省下 400 元，一年省下 4,800 元，對她來說不僅減少金錢和時間損失，而她也利用下班閒暇之餘學習理財投資，並且想辦法創造業外收入，讓自己擁有更多積蓄。

▶ 財務自由不等於什麼都不做

財務自由不等於什麼都不做，不少人認為達到財務自由後就可以自在揮霍、隨心所欲生活，然而一旦這樣想就不會成長。當達到心中的財務自由時仍需維持以下習慣，才能保有財富並讓錢繼續壯大。

持續投資，長期獲利

錢永遠不嫌多，因此即使達到財務自由仍可持續投資，但要注意投資是長期的事，仍應尊重趨勢，做好資金配置、風險控管，才能持盈保泰。

持續工作,活出自我價值

　　財務自由並非鼓勵大家不要工作,而是要改變生活的意義,活出自我,讓自己不再是為了賺錢而工作,而是因為興趣而工作。因此達到財務自由時,可以評估是否要維持原來的工作,或是選擇從事一份自己喜愛的工作,發揮所長,創造人生最大價值,為生活品質加分。

永遠保持理財習慣

　　持續保有理財習慣相當重要,不能因為錢多錢少而停止,養成良好的消費習慣、有紀律的投資才能維持財務自由。

第 2 章

進入股市前，先要有正確心態

「投資」與「賭博」的差異在哪裡？基本上，兩者差異很大，投資者認識自己的個性、進行風險評估、設定停損點、有紀律的投資，並且不受到股價走勢影響而隨意更改交易模式。

反之，賭徒只想靠投資一夕致富，挹注大量資金想一次就大賺，然後A方法沒有獲利就馬上換B方法，只要感覺不對就馬上更換操作模式。然而，這並不是所謂的投資，而是真正的賭博，憑運氣賭哪一支股票會賺錢，但能夠每一次都幸運獲利嗎？「投資」真的不能靠運氣！

LESSON 06

投資之前先做好
四大心理準備

「佳佳在 5 年前賺進第一桶金之後,開始學著買股票投資,因
為不懂金融市場運作,她不斷買進賣出、聽信他人意見、跟風投
資,以至於在幾年內就輸掉上百萬元的資金,幾乎破產,讓她一
度生活失去重心,無法面對家人⋯⋯。」

▶ 心理準備 1:先了解自己的個性

進入金融市場前最重要的就是擁有正確的投資心態,找出適合自己
的投資方法,以及學會計算風險、面對風險與擁抱風險,並堅持所選的
投資方法,有紀律且穩定的交易,評估上述條件,準備好再進場投資。

許多人在投資前,因為不懂金融市場運作就貿然進場、胡亂買股,
然而,知己知彼才能百戰百勝,強化投資心理素質的第一件事:請先
了解自己的投資個性,因為實際進入市場,情緒及個性會影響交易的

成功與否。

　　試著想想金錢對於你的重要性，例如平時喜歡精打細算，各大賣場的促銷活動完全掌握，認為花錢必須謹慎，沒有打折絕對不買東西；或是比較不在乎小錢，買東西只在意其價值，就算貴一點也沒關係。這兩者對於金錢的態度，可以反映在買股的行為，前者會因為賠錢而傷心不已，後者則是注重股票潛力，就算虧損也無所謂。

　　除了對於金錢的態度之外，也需要觀察日常生活中，對於學習是是否只有三分鐘熱度，容易相信別人講的任何事情，卻疏於查證真偽，這些都是評估你是否適合進入股市的條件，因為投資最怕人云亦云，沒有獨立判斷的能力。最後則是可否承受盤勢波動的壓力，往往盤勢震盪劇烈時，投資人的壓力隨之而來，對於虧損無法平常心看待就容易受到影響。

　　因為「股市」一向一視同仁，無論是散戶或大戶，對於不懂得停損就是零容忍，公平對待所有投資人。因此，決定進場前就要先計算風險，一旦跌破預先設定的標準就必須離場，絕對不要和股票談戀愛，不停損就要有賠光的勇氣。

飆股女王的投資金句

絕不和股票談戀愛，「不停損」就要有賠光的勇氣

▶ 心理準備 2：計算最大的承擔風險

投資的特性在於「報酬」與「風險」，這些年在教學之路上，常發現許多人眼裡只看到報酬，一味認定進場就會賺錢，而忽略了風險。事實上，報酬與風險是成正比的，「高風險、高報酬」、「低風險、低報酬」是投資定律，你不願意承擔風險是無法得到好報酬。進場前請先重視風險大於報酬，因為損失可以控制，報酬卻能無可限量。

華爾街操盤手傑西‧李佛摩曾說：「利潤總是能夠自己招呼自己，損失則永遠做不到這一點。」而利潤與損失就像好學生與壞學生，我們不需要擔心好學生的成績，因為他總是自動自發讀書、完成所有功課，但我們卻要特別關注壞學生的表現避免更偏差；投資則是應留意損失的部分，視情況進行調整，以降低損失無限擴大。

根據多年的實戰交易及各方面的研究，整理出「超簡單投資法」，這個方法有兩種計算風險的方式，一是「均差距」，以價差做為損失的計算，二是計算「乖離率」，乖離率是一種衡量目前股價偏離移動平均線的指標，股價在移動平均線之上稱為正乖離，反之，若股價在移動平均線之下則稱為負乖離。乖離率的範圍很廣，可用來評斷進出場訊號，而「超簡單投資法」則是以此判斷停損點。

巴菲特的「打卡投資法」

巴菲特有一個投資理論叫做「打卡投資法」，他說：「我用一張考勤表就能改善你最終的財務狀況；這張卡片上有 20 格，所以只能有 20 次打卡的機會，這代表你一生中所能擁有的投資次數。當你把卡打完之後，就再也不能進行投資了」。

這一段內文的意思並不是說我們這輩子只能投資 20 次，而是比喻「不要頻繁的進出市場」，在買進任一檔股票前，請「先再三確認所有情況是你真心能接受的」。

以均差距計算為例，進場之前，請試算買進價格至週 20MA 的距離，得出均差距後再乘上 1,000，也就是說股價跌至週 20MA 是這一檔股票的最大損失。假設進場價格是 60 元，週 20MA 價格是 55 元，均差距就是 5 元，那麼每張股票的可能虧損為 5,000 元（手續費未計）。

風險計算

進場價格－週 20MA 價格＝均差距，

均差距 ×1000 ＝虧損值

【範例】：60 － 55 = 5

5×1,000 = 5,000（元）

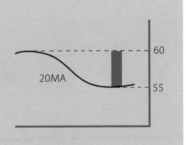

計算出可能的最大損失後，評估自己能否接受賠掉這筆錢再進場，若是願意承擔風險，那麼在未跌破週 20MA 之前請好好抱牢持股，只要方向正確，隨著時間停損金額會慢慢縮小，獲利即可慢慢浮現，進場前先計算最大損失金額，經評估後可接受再進場，形成有效控制風險的狀態。

　　以乖離率計算風險為例，公式為收盤價格減移動平均價除以移動平均價，乖離率代表的是成本中最大虧損值的比例，當比例越大虧損越大，比例越低虧損越低。

乖離率

（收盤價格－移動平均價）÷ 移動平均價

【範例】：（60 － 55）÷ 55 = 9.09%

飆股女王的投資金句

在買進任一檔股票前，
請先再三確認所有情況是你可以接受的。

▶ 心理準備 3：準備好投資本金

很多人想投資但第一個門檻就無法通過，所以在前一章提到投資之前必須先存錢，小資族第一桶金可以設定為 50 萬元，之後再慢慢累積第二桶、第三桶金，或訂定更大的目標，當然本金越大，獲利金額相對越多。

投資必須先準備一筆「閒錢」，「閒錢」代表不會影響生活，就算這筆錢賠光也不至於破產，每個月除了基本生活開銷、緊急預備金、儲蓄等必要支出，必須再額外提撥投資本金，就如同存旅費，慢慢累積總有一天能達到目標。另外這筆錢絕對不要向他人借款，借款進行投資理財，只會增加你的負債，而不是資產。

飆股女王的投資金句

借款投資的錢是你的負債，不是你的資產。

建議小資理財族可先從投資本金 50 萬元開始，本金多寡會決定投資時的靈活度，若是太少會顯得綁手綁腳，選擇機會不多，也無法分散風險。相對的，若金額較多則有機會選到好標的，也容易從中獲取高報酬。

此外，手上永遠要保留至少三成現金，不少投資新手因為希望賺快錢、賺大錢，常常一開始就把積蓄全部投入，但一次押注的行為，風險過高，沒做好資金控管下場慘賠的大有人在，甚至提早在股市畢業，更因為曾有不好的投資經驗留下陰影，永遠抗拒投資。基本上，投資高手也不會一次投入全部本金，因為他們懂得保命錢的重要性，「留得青山在，不怕沒柴燒」，請投資人要留住部分本金，才有東山再起的機會。

▶ 心理準備 4：認識資本市場

資本市場屬於長期資金市場，是提供一年以上長期資金供需的交易所在，例如：證券交易、債券交易等。資本市場對於投資者來說，雖然可以隨時買進賣出，但對於發行公司來說，只要賣出股票或債券就可獲得資金，並且可以長期使用，叫做資本市場。

資本市場主要是依靠「趨勢、時間」累積賺取資金，金融投資市場是由多頭市場、空頭市場與盤整市場等三個面向不停循環，投資時只要搭上趨勢列車，方能利用波段賺進趨勢財。

多頭市場，所謂的「牛市」
多頭市場的由來是指當股票價格大漲的時候，投資市場熱絡，此時證券公司擠滿了看盤的投資人，形成萬頭鑽動的現象，所以叫做

「多頭」。

除了多頭，「牛市」也是指股價正處於
上漲階段。在西方「牛」代表財富，因為牛
不僅是獵人眼裡重要的獵物，牛角向上就代
表股價正要上漲，因此稱為「牛市」。

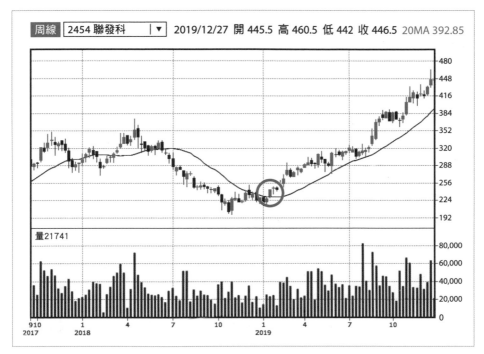

▲ 紫色圓圈處代表起漲點，表示準備迎接牛市。（資料來源／強棒旺旺來）

空頭市場，所謂的「熊市」

當投資者看壞股市，股價開始向下崩跌、趨勢開始走下坡時，證券交易所自然就不會聚集投資人，看盤中心門可羅雀，形成空頭現象。

除了空頭市場，「熊市」是指股價正處於跌勢，在美國早期拓荒時代，美國牛仔常有「熊鬥牛」的活動，而熊掌往下賣力搏鬥的形象，就像把股票市場往下壓，這也就是「熊市」的由來。

▲ 紫色圓圈處代表起跌點，表示熊市即將來臨。（資料來源／強棒旺旺來）

投資人最迷惑的盤整市場

盤整常見於股價在一個區間內上上下下，小幅度的波動，並沒有明顯上漲或下跌趨勢，最高價與最低價相差不大的狀況。

依據歷史統計回測，股市盤整大約占了七成的時間，多數的股票在上漲或下跌時都必須經過一段時間的盤整，這段期間不上不下的走勢十分磨練耐性，多數投資者都無法通過這關考驗，時常在盤整期間耐不住性子將手中持股賣掉。

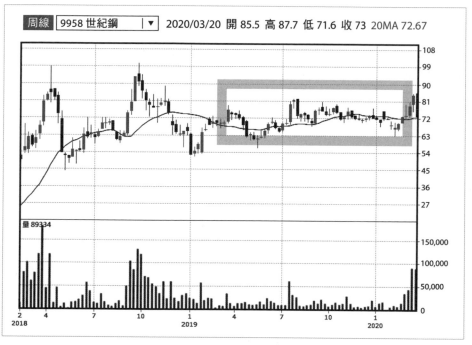

▲ 紫色框框處代表個股正在進行盤整，沒有明顯波動。（資料來源／強棒旺旺來）

認識常見的投資工具

「小楷是一個投資新手，面對琳瑯滿目的投資工具，有股票、期貨、基金等，他一開始茫然無措，不曉得應該選擇哪一種投資商品，但經過時間研究，加上衡量手頭上的閒錢以及自己的投資個性，他決定先從股票開始。」

▶ 看懂投資工具，你握有選擇權

市面上有各式各樣的投資商品，包括股票、期貨、基金、外匯等，令人眼花撩亂，到底該如何挑選呢？請先衡量自己實際情況，並評估以下 4 件事情：

自我評估 1 **願意投入多少心力學習**

根據投資商品的不同，風險高低也不同。舉例來說，若你是工作忙碌的上班族，幾乎沒有時間研究又想要投資理財，建議可從台灣

50、中型 100 成分股開始投資，大型股具有高度的流通性，基本面好、市值大不易倒閉，不用花時間深入研究公司體質是否健全，只需要遵守紀律交易，假以時日就能累積資產。

自我評估 2 **依喜好選擇投資商品**

從投資商品的持有時間來看，投資人可以根據自己的個性選擇不同的投資商品，每一種金融商品如基金、股票、債券、期貨、權證等，都有不同的交易規則，端看投資人的選擇。其中，期貨市場因有結算日的關係，近月商品最長持有時間為一個月，而股票依趨勢決定持有時間，而趨勢通常都會維持一段時間。

自我評估 3 **長期持有？還是賺價差？**

投資時可自問是要參與公司的配股配息？還是賺取價差？依據波動可分為兩種投資商品，第一種是選擇波動率低，長時間可穩定配息的股票進而長期持有，但此一方式有可能選錯標的，發生「賺了股息卻賠了價差」的情況；第二種則是賺取波段價差，像是股票、期貨等商品，此一邏輯也就是追隨市場趨勢，選擇時機進出場以賺取差額，但同時也要承擔停損的風險。

下一章節會介紹「超簡單投資法」的投資概念，適用於所有的投資商品，運用一條均線判斷，站上均線買進、跌破均線賣出，就能一招打天下。

自我評估 4 評估風險承受度

就交易而言，風險指投資發生虧損的可能情形，權衡交易的潛在風險與潛在回報是交易策略的重點，而不同投資商品的風險承受度都不一樣，其中「ETF」屬於指數型股票基金，投資不可以將雞蛋放在同一個籃子，ETF 指數型股票基金就具有這樣的特性，將績優股結合成各種組合，達到分散風險的目的，讓投資人以低風險參與金融投資。

「股票」則是選擇單一公司投資，透過個股走勢、基本面、技術面與籌碼面等進行分析再進場。由於是投資單一公司，風險相對較高，若不幸選錯標的又不願意停損的話，股價大打折或變成壁紙都是可能發生的事情。

另外，「期貨」本身則是屬於高槓桿操作的金融商品，採取保證金交易，只要拿出一小筆資金就能運用槓桿原理操作，風險較股票高出些許。以現股買賣為例，最大損失是根據當時買進股價來計算，若萬一不幸下市，賠光的金額就是原來投資的錢；期貨則不同，萬一沒有即時停損，損失的不只是當初的保證金而已，還可能產生超額損失，大於原本投入的金額好幾倍。不過，期貨的槓桿大小是可改變的，換句話說「期貨的風險是可控的」。

完成以上 4 項評估之後，接下來就是初步認識各金融商品的特色及投資門檻，再從中選擇適合自己的投資工具。

▶ 「股票」是公司發行的有價證券

「股票」是一種有價證券，因為股份有限公司需要籌措資金，因此釋出一部分公司所有權，而股票就是一部分公司所有權的證明，公司藉由發行股票可以募集資金，投資人也可透過購買公司股票，為公司創造更大價值。

股票的交易方式

投資股票依投資人交易習性分為 3 種，第一種是「短線交易」，例如當沖交易，短天期的進出最為一般投資人喜愛，因為大家都想要賺快錢，但是短線交易並不易賺到大錢；第二種是「波段交易」，利用波段賺取價差，而「超簡單投資法」也是以波段操作為主要策略，適合跟隨趨勢參與市場行情，賺進趨勢財的投資人；第三種則是「價值型投資」，參與公司的配股配息，每年等待公司分紅，是基本面投資人的最愛。

理財小教室

股票的由來

17 世紀歐洲流行海上貿易，從事歐洲與亞洲之間的貿易往來，西元 1602 年，荷蘭東印度公司應運而生，然而海上貿易雖然可以創造高額利潤，卻也得承受巨大風險。為了分散風險以及籌措足夠資金，他們想出了一個辦法，就是發行股票，只要想投資該公司者都可以購買，這也就是股票最早的由來。

股票面額以「千」為單位

台灣買賣股票通常以一張為單位，一張是 1,000 股，通常至少購買一張，若是購買一張以下則稱為零股交易。

購買股票時須考量成交價與面額，股票面額就是印在股票上的金額，過去規定 1 股為 10 元。不過，自 103 年 1 月 1 日起，根據《公開發行股票公司股務處理準則第 14 條》，公司可依照自身需求決定股票面額，也就是說股票面額不再受限於 10 元，可以是 20 元、5 元或 1 元等，假設 1 股是 50 元，一張股票是 1,000 股，一張股票就是 50,000 元，計算如下：

$$50 （元） \times 1,000 （股） = 50,000 （元）$$

目前，我們常看到的股票價格是經過市場買賣交易、波動之後的價格，該價格是市價而非面額，熱門股票因為需求大、投資者多，股價自然上漲。舉例來說，假設台積電（2330）成交價是 300 元，那麼它的市價就是面額的 30 倍，股票穩定性越高就越不容易下市下櫃；反之，若股票較冷門，常因為需求量低、投資者少，長期下來導致市價小於面額時，就會變成所謂的雞蛋水餃股，又稱殭屍股，就有下市下櫃的風險，最壞的情況就是股票變成壁紙。

理財小教室

雞蛋水餃股、殭屍股

「雞蛋水餃股」是指只要用買雞蛋、水餃的價格就可以買股，代表
這檔股票太便宜了！「殭屍股」則是流通性低、成交量少，屬於冷
門的股票。目前主管機關正積極整頓體質不佳的個股，因此建議投
資時盡量避開淨值低於 10 元、流通性低的個股。

▶ 新手看過來，搞懂股票的三大特性

不少投資新手會選擇股票做為投資入門，因為股票投入門檻較低，
理論和邏輯也比較容易了解學習，以下分別列出投資股票的三大特性：

特性 1　共同承擔公司利潤與風險

由於購買股票就是成為該公司的股東，當股票上漲就能分享利潤；
當股票下跌就是承擔跌幅損失，需要與公司共同承擔利潤與風險。

特性 2　投資門檻低

投資股票的入門標準較低，若以最低面額 10 元計算，1 萬元就可
以購買一張股票，若能準備更多買股資金，那股票的選擇性將更多。
此外，股票具有可變現性，隨時可以賣出換取現金，資金流通性較大。

特性 3 **交易成本容易被忽略**

　　每次買進賣出的手續費成本為 0.1425%，賣出則會再加上證交稅 0.3%，與其它銀行的金融商品相較，交易成本比較低，但卻往往被投資人忽略，常有投資人看上交易費低，因此經常買進賣出導致賠上過多手續費，長期下來也是一筆可觀的費用。

▶ 投資美股，等於投資全世界

　　「美股」是指美國股市的股票，透過投資美股等於投資全世界，參與世界上最優秀的大型國際企業的成長，包括谷歌（Google）、臉書（FaceBook）、蘋果（Apple）、亞馬遜（Amazon）等耳熟能詳的公司，成為它們的股東。

　　美股市場相較於全球其他市場規範更加成熟、資訊更透明，也極少內線交易，很少人能夠撼動整個市場。因此，個股穩定性高，檯面上全球大型知名企業相對安全，趨勢明顯容易判斷。想要前進美股市場，在投資之前請先做好功課，了解美股的市場脈動，可以從三大指數著手，包括道瓊工業指數、標準普爾 500 指數、那斯達克指數，之後再進一步研究各股產業脈動與市場狀況，找尋體質好的投資標的。

股票上櫃上市條件

企業想要將股票上櫃上市，就必須符合上櫃與上市的條件，其中「上櫃」要求包括設立年限需達兩個完整會計年度，實收資本額達 5,000 萬元以上，獲利能力穩定，近一個會計年度稅前淨利不得低於 400 萬元等；「上市」的條件要求公司依《公司法》設立登記屆滿 3 年以上，實收資本額達 6 億元以上，獲利能力穩定，且最近一個會計年度無虧損者等條件。上市上櫃條件參考如下表，但各公司會依據行業別將有詳細規定。

項目	上櫃	上市
設立年限	依《公司法》設立登記滿兩個完整會計年度。	依《公司法》設立登記屆滿 3 年以上
實收資本額	新台幣 5,000 萬元以上	新台幣 6 億元以上
獲利能力	財務報告之稅前淨利占股本之比率最近年度達 4% 以上，且最近一次的會計年度決算無累積虧損，或最近兩年會計年度均達 3% 以上者。 或最近兩年會計年度平均達 3% 以上，且最近一年度之獲利能力較前一年度為佳者。 前述財務報告之獲利能力不包含非控制權益之淨利（損）對其之影響。但前揭之稅前淨利，於最近一個會計年度不得低於 400 萬元。	財務報告之稅前淨利符合下列標準之一，且最近一個會計年度決算無累積虧損者。 或稅前淨利占年度決算之財務報告所列示股本比率，最近兩個會計年度均達 6% 以上者。 或稅前淨利占年度決算之財務報告所列示股本比率，最近兩個會計年度平均達 6% 以上，且最近一個會計年度之獲利能力較前一會計年度為佳者。 或稅前淨利占年度決算之財務報告所列示股本比率，最近 5 個會計年度均達 3% 以上者。
股權分散	公司內部人及該等內部人持股逾 50% 之法人以外之記名股東人數不少於 300 人，且其所持股份總額合計占發行股份總額 20% 以上或逾 1,000 萬股。	記名股東人數在 1,000 人以上，公司內部人及該等內部人持股逾 50% 之法人以外之記名股東人數不少於 500 人，且其所持股份合計占發行股份總額 20% 以上或滿 1,000 萬股者。

資料來源／證券櫃檯買賣中心

指數名稱	指數成分
道瓊工業指數（Dow Jones）	工業為主
標準普爾 500 指數（S&P500）	工業、金融、公共事業為主
那斯達克指數（NASDAQ）	高科技產業為主

　　一般來說，熟悉台股操作對於學習美股就容易上手，美股交易的方式包括「自行交易」或是「複委託」，兩者主要差異在於有無專人可協助，以及交易費成本。想投資美股除了專門開海外證券帳戶之外，透過國內的股票券商「複委託」也是一種投資方式。

　　複委託正式名稱是「受託買賣外國有價證券業務」。意思是透過國內券商協助交易購買股票或是 ETF 指數型基金，不過交易手續費較高，從交易金額 0.5% 至 1% 以上都有，依各家券商規定而有所不同，另外也要計算匯費等投資成本。雖然複委託交易成本比較高，但遇到問題有專人服務則可省去自己處理的麻煩，相對便利。

　　另外，自行交易者則可於海外券商平台自行下單，目前很多海外交易平台免手續費，替投資人省下交易成本。知名海外券商交易平台包括 IB 盈透證券（InteractiveBrokers）、第一證券（FIRSTRADE）、德美利證券（TD Ameritrade）。選擇適合自己的券商，按照開戶流程辦理就能順利交易。

▶ 掌握美股三大特性

投資美股就等於投資世界知名大公司，想想看，這些知名企業是否都和我們的生活息息相關？每天起床先滑蘋果（Apple）手機，早餐點麥當勞（McDonalds）滿福堡套餐，再來上一杯星巴克（Starbucks）咖啡，上亞馬遜（Amazon）網購，假日則是到好市多（Costco）採買生活用品，再到迪士尼樂園（Disney）旅遊，而大家常用的信用卡（VISA、Mastercard），全部都是屬一屬二的跨國企業。因此，若想要投資世界第一強的公司，可選擇美國股市，相對穩定，美股又具有以下三大特性：

美股特性 1 **適合長期持有**

由於美股市場的個股大多屬於穩定的大型股，因此除非遇到金融風暴或是天災人禍，很少有大幅度的漲跌幅波動，適合想長期持有的投資人操作，等待相對時機出場，賺取高額利潤。

美股特性 2 **沒有漲跌幅度限制**

美股不同於台股，沒有漲跌幅 10% 的限制，因此當有重大事件發生時就會出現大幅漲跌的情形，例如 2020 年初影響全球的新冠肺炎疫情，重創全球股市，美股因為沒有漲跌幅的限制，更數度觸發「熔斷機制」，因為市場發生劇烈波動，必須強制暫停交易一段時間，讓大家「冷靜冷靜」，再重新恢復交易。

美股特性 3 **市值大不易被操控**

　　美國資本市場自由、交易透明，而且舉世聞名的國際大型企業非常多，市值大，資金來自世界各地，投資者更是遍布全球，同時**趨勢**也較明顯，當市值越大的公司，股價越不易受到人為操控。

理財小教室

美股交易時差

美股交易時間以美國時間為主，在台灣交易時須注意時間：

美國交易時間
09：30 ～ 16：00

台灣交易時間（配合日光節約）
3 月中～ 11 月中：21：30 ～ 04：00（夏令）
11 月中～ 3 月中：22：30 ～ 05：00（冬令）

▶ 「期貨」是未來的買賣契約

期貨是一種跨越時間的未來買賣契約，起源於日本江戶幕府時代，當時米價受到軍事影響非常大，米商為了避免稻米收成後價格大幅波動，因此預先向農夫訂立契約，並於收成時再以當時預訂的價格一手交錢一手交貨。

「期貨」是當時的一種衍生性商品，演變到現在不只現貨商品可用來當作期貨，各種金融指數也可以做為期貨投資，按照屬性可分為兩大類，包括商品期貨與金融期貨：

指數名稱	商品類型	舉例
商品期貨	農產品類	黃豆、玉米、小麥、棉花等
	能源類	石油、燃料油等
	金屬類	金、銀、銅等
	其它	
金融期貨	指數類	台股期貨、電子期貨、美國道瓊期貨、日本東證期貨
	外匯類	小型美元兌人民幣期貨、美元兌日圓期貨等
	股價指數選擇權類	台指選擇權、電子選擇權等
	其它	

資料整理／林恩如

期貨的特點就是採取保證金交易，因為期貨是一種未來契約的概念，契約到期時必須用當時約定的價格進行買賣。通常雙方會有一人賺錢、一人賠錢，為了避免雙方違約，所以設定保證金制度，保證金金額大約是契約價值的 3% ～ 10%，當期貨交易日到期時就必須進行結算，若保證金不夠賠虧損時，將追加保證金，稱為追繳保證金。

理財小教室

期貨保證金

期貨有保證金額度，保證金會依據市場現況調整，以 2020 年 3 月期交所公告為例，小台期貨所需保證金為每口 3.7 萬元，大台期貨所需保證金則是每口 14.8 萬元，因此必須準備最低資金就是以口數乘上每口保證金價格而定。為了風險起見，不可以只準備剛好的資金進場，通常會以 5 倍做為進場資金，「以五做一」的方式操作，例如：一口小台期貨為 3.7 萬元，買一口小台就要準備 18.5 萬元的資本再進場。

▶ 了解期貨三大特性

「趨吉避凶」是期貨的特性之一，當股市不佳時，可以將資金轉入期貨市場，只要看準趨勢方向就能獲利，彌補股市損失的部分，也能利用同一商品在不同市場的價差進行套利，幫助投資人「趨避風險」。此外，因為期貨市場有各種類型的投資人在交易未來契約，因此又具有價格發現的特性。

期貨特性 1 **規避風險**

　　期貨的本質就是避險，為了可以在未來能以合理的價值交易，因此事先訂立合約，降低真正交易時的虧損幅度。

　　舉例說明，小麥農夫為了避免將來小麥價格下跌，因此跟麵粉製造商協議，先以合理市場價格做買賣，雙方並預先各付一筆保證金，等到將來小麥收成時再付款與交貨。

期貨特性 2 **套利以賺取價差**

　　套利是指同一種商品在不同市場中有不同價格，套利者可從價格低的市場中買進，再到價格高的市場中賣出。舉列來說，A 國家的小麥每公斤 100 元，B 國家的小麥每公斤 110 元，投資者可以從 A 國家進口小麥到 B 國家賣出，賺取中間價差。

期貨特性 3 **價格發現**

　　由於期貨市場具有避險、高槓桿、高流通性，因此吸引各種投資人參與，包括想要趨避風險的買方與賣方、套利者等，各方會透過公開競價方式快速揭露成交價格，達到預見未來現貨市場的商品價格。

▶ 以小搏大，認識期貨三大優勢

　　期貨市場沒有多空的限制，交易人可以在契約到期前自由買賣該期貨，此外，期貨也可以利用高槓桿原理操作以小搏大，而交易成本低也是優勢之一。

(期貨優勢 1)　多、空皆可交易

　　期貨交易不同於股票交易，沒有放空條件的限制，投資人可以任意做多或放空，只要順勢布局，獲利機會大。

(期貨優勢 2)　以小搏大，財務槓桿效果好

　　期貨市場採用保證金交易，因此可以發揮以小搏大的精神，槓桿倍數根據保證金與交易金額比例，可獲利高達數十倍甚至數百倍，發揮財務槓桿效果。

　　舉例來說，假設目前大台期貨指數是 10,000 點，1 點 200 元，一口大台指期貨契約價值為 200 萬元，假設保證金價格為 10 萬元，就能以 10 萬元來操作 200 萬元，具有 20 倍的財務槓桿，以小資金搏取大利潤不是夢想。

　　不過，具有風險意識的投資人不會只存入 10 萬元保證金，因為一旦保證金低於一定比例或虧損時，就會立即被追繳，建議至少存入保證金 5 倍以上的資金，平均大約 50 萬元～ 80 萬元為宜。

大台期貨契約價值：10,000 點 ×200 元＝ 2,000,000 元

假設保證金：100,000 元

槓桿倍數：2,000,000÷100,000 ＝ 20（倍）

期貨優勢 3 **期貨交易成本低**

　　期貨的交易成本相較台股低，只有手續費與期貨交易稅，尤其現在多數的投資人都是利用網路自行下單，因此手續費相對更透明。以大台指期貨為例，期交稅為 10 萬分之 2，手續費約在 50 ～ 100 元之間。

理財小教室

期貨交易單位

在股票市場的交易單位是「張」，在期貨市場交易單位則是「口」。

▶ 海外期貨的四大優勢

「期貨」可分為國內期貨與海外期貨，交易商品包括各國期貨指數、金屬、外匯、原物料、能源等商品眾多，因此交易機會很多，成交速度也快速。

海外期貨與國內期貨不同之處在於可以 24 小時交易，比較不會出現跳空風險。此外，海外期貨具有交易量大、商品選擇多、有停損單機制等特性。

海外期貨優勢 1   **24 小時交易時間長**

海外期貨交易時間長，幾乎 24 小時都能進行交易，部分交易所更只有 15 ～ 60 分鐘的休息時間，連續性的交易時間可以避免跳空狀況。

海外期貨優勢 2   **交易量大、流動性佳**

海外期貨交易量相當大，流通性相對充足，由於樣本數大可以分析趨勢，透過技術分析評估適合的進出場點。

海外期貨優勢 3   **停損單機制，不必整天盯盤**

大多數的海外交易所都設有「停損單機制」，只要當天設定好停損單後，在有效停損單的週期內都有效。

　　海外期貨商品種類多元，部分商品保證金低，波動幅度大，獲利速度驚人。雖然有機會讓價差翻倍，但高風險高報酬，一體兩面，對於不熟悉趨勢的人做錯方向會造成鉅額損失。此外，目前市場也有推出小規格商品，例如 A50 指數、微型歐元、小日經等商品，切記不管保證金多小，都要注意資金控管，投資時仍需要準備充足的保證金。

理財小教室

期貨 VS 現貨

期貨最大的特色就是它是一個未來契約交易的概念，也就是說可以事前制定價格，在未來用當初訂好的價格購買，以下比較期貨與現貨交易的差異：

假設某 A 以投資現貨的方式，一開始花 10 萬元，一年後賺到 6 萬元，他的獲利就是 6 萬／ 10 萬＝ 60%

但若是以投資期貨的方式，一開始花 2 萬元買到「未來買 50 公斤小麥的權利」，同樣賺到 6 萬元，獲利卻是 6 萬／ 2 萬＝ 300%

熱門海外商品保證金一覽表　（資料時間：2020 年 4 月 11 日）

商品名稱	商品代碼	結算幣別	原始保證金（元）	維持保證金（元）
指數類				
A50 指數	SCN	USD	1,045	950
美元指數	DX	USD	2,750	2,500
美元日經	NK	USD	9,900	9,000
小道瓊指數	YM	USD	13,200	12,000
小 S&P	ES	USD	13,200	12,000
小那斯達克	NQ	USD	16,500	15,000
星日經	SSI	JPY	759,000	690,000
日元日經	NY	JPY	990,000	900,000
大阪日經	JNI	JPY	1,350,000	1,350,000
利率類				
歐元美元	ED	USD	633	575
長期美國十年債	TN	USD	3,905	3,550
歐元十年債	FGBL	EUR	4,088	4,088
外匯				
微型歐元	ECM	USD	237	215
小歐元	E7	USD	1,183	1,075
歐元	EC	USD	2,365	2,150
英鎊	BP	USD	2,970	2,700
日圓	JY	USD	4,400	4,000
金屬類				
白金	PL	USD	4,950	4,500
黃金	GC	USD	9,185	8,350
白銀	SI	USD	9,900	9,000
農產品				
玉米	C	USD	1,100	1,000
小麥	W	USD	1,568	1,425
黃豆	S	USD	1,815	1,650
可可	CC	USD	2,090	1,900
棉花	CT	USD	2,915	2,650
咖啡	KC	USD	4,455	4,050
能源類				
天然氣	NG	USD	1,595	1,450
布蘭特原油	B	USD	7,061	6,910
輕原油	CL	USD	7,370	6,700

資料整理／林恩如

第一次投資股票
最容易上手

「因為對投資有興趣，誠誠在了解常見的金融商品之後，決定先從股票開始，原因很簡單，股票邏輯清楚，選擇又有方法，加上資金門檻不高，他相信只要靠著認真學習，計算風險，就能靠股票賺取價差。」

▶ 投資新手的股市入門

　　對於第一次進入金融市場想投資的新手來說，我建議從股票開始接觸，因為股票以現股買進，沒有槓桿的風險，損失可以掌控，邏輯也相對簡單，而且門檻不高，大約準備 50 萬元的閒錢就可以進場。記得這筆閒錢需要扣除日常開銷或緊急預備金，提醒大家，千萬不可以拿出所有家當來投資，辛苦工作得來的血汗錢有可能因為不當操作而血本無歸。所謂「留得青山在，不怕沒柴燒」，至少要保留三成現金，當投資失利時還有機會重新檢視交易模式，找出問題點，重新開始。

此外，新手投資時，不要一次就挹注大筆資金，沒做好資金控管非常危險。記得，交易是一輩子的事，別把它當成一下子，先從小額投資開始，慢慢練習，等上手後，再增加持股部位，並持續做功課，養成良好的獲利模式。

飆股女王的投資金句

交易是一輩子的事，別把它當成一下子。

▶ 第一次交易看過來：股票操作流程

股票交易分為 5 個步驟，包括開戶、選股、下單、成交、匯款。

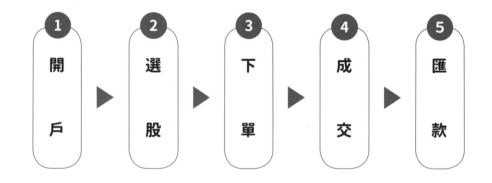

① 開戶 ▶ ② 選股 ▶ ③ 下單 ▶ ④ 成交 ▶ ⑤ 匯款

第 1 步　開戶

許多投資新手對於到證券公司開戶總是不得其門而入，其實就像

到銀行開戶一樣，只是換成證券公司而已，而且現在開戶非常簡便。目前開戶方式可分為臨櫃開戶和線上開戶，臨櫃開戶可選擇自己方便的證券商辦理，例如公司或住家附近、已有證券公司的銀行戶頭等；線上開戶則是進入銀行證券 APP 或開戶網頁填寫開戶資料，手指動一動就能完成開戶。開戶時會一併設定證券集保戶與股票交割帳戶，證券集保戶是登記買賣股票交易紀錄，交割帳戶則是做為後續款項匯入、匯出使用的專用戶。

　　開戶時需要攜帶印章、雙證件，並填寫相關基本資料以及徵信資料表，做為證券商調查財務狀況的根據。辦理開戶的同時，券商也會要求先存入最低金額，一般是 1,000 元。

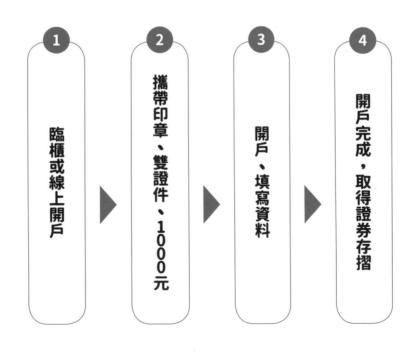

第 2 步　選股

　　選股是整個股買操作流程中相當重要的一環，記得「慢慢進、快快出」的口訣，也就是慢慢選股再進場，一旦進場後超出可承受風險就出場，選股方式主要包括基本面、技術面、籌碼面等方法，每一種都有人擁戴，這部分是依投資人的選擇為主，沒有哪一種選股方法最好，只有適不適合自己。

第 3 步　下單

　　選好喜歡的股票與想要交易的張數就可以進行下單，下單時需要輸入買進或賣出的張數與價格，再點選確認交易，等待交易所撮合，交易是否成交必須確認，不是有下單就一定會成交。

第 4 步　成交

　　以往台股的撮合機制為「集合競價」，每 5 秒撮合一次，每 5 秒才能看到新價格，自 2020 年 3 月 23 日已正式實施全球大部分股市使用的「逐筆交易」，與國際接軌。「逐筆交易」簡單來說，假設當有一筆新的「委買單」50 張掛入，價格高於、等於目前最低的委賣價，此時系統會從「最低委賣價開始向上成交」，直到滿足這一筆 50 張委買單為止。

第 5 步　匯款

　　成交之後可以登入券商 APP 查詢成交股票、數量及交割金額，投資人只需在 T+2 日將款項補足至交割帳戶，如此就完成買賣股票。台

灣股票交易採「T+2 日」制，是指買賣股票成功後的第 2 個營業日的上午 10 點前，投資人要將戶頭內金額補足，否則可能會留下信用汙點。例如，6 月 5 日進行交易，「T+2 日」就是指 6 月 7 日上午 10 點前要將金額存入交割戶。

理財小教室

選擇適合的交易平台

交易平台關係到選股與下單方式，一般來說有三種，第一種是手機交易平台，適合喜歡隨時隨地看股，不常使用電腦的投資者；第二是電腦網頁交易平台，適合喜歡大螢幕、喜歡一個一個慢慢觀察的投資者；第三種是軟體交易平台，可以搭配多個螢幕和視窗做個股觀察與選擇，投資者可選擇自己習慣的方式決定交易下單平台。

▶ 股票的三大面向

研究公司價值的「基本面」

投資人對於選股通常會從研究公司各種經營數據開始，像包括研究市場動態、產業動向與公司經營分析，找出股票的真實價值進而投資。其中，市場動態通常會應用到總體經濟學，包括國內外基本經濟指標，例如國內生產總值成長率、通貨膨脹率、貨幣匯率、各國生產力、國際能源價格等，分析目前市場概況。

📈 台積電（2330）

股價	漲跌	漲幅	成交量	股本（百萬）	產業	發行權證檔數
270	↑22	8.87%	156,269	259,304	電子上游 -IC- 代工（上市）	737

基本資料

公司名稱	台灣積體電路製造股份有限公司	英文簡稱	TSMC
產業	電子 - 半導體	細產業別	電子上游 -1C- 代工
內銷比重		外銷比重	
上市上櫃	上市	實收資本額	259,304(佰萬)
本益比	17	股價淨值比	4.41
單月營收	93,394,449(千)	單月營收年成長率	53.38(%)
成立日期	1987-02-21	上市日期	1994-09-05
總市價（億）	70012.1	上櫃日期	
董事長	劉德音	總經理	總裁 : 魏哲家
發言人	黃仁昭	發言人職稱	副總經理暨財務長
電話	03-5636688	簽證會計師事務所	勤業眾信聯合會計師事務所
股票過戶機構	中國信託商業銀行代理部	服務代理電話	02-6636-5566
網址	http://www.tsmc.com		
地址	新竹科學園區力行六路 8 號		
經營項目	晶圓 86.87%、其他營業收入 13.13%（依客戶之訂單與其提供之產品設計說明，以從事製造與銷售精體電路、以及其他晶圓半導體裝置、提供前述產品之封裝與測試服務、積體電、路之電腦輔助設計技術服務、提供製造光罩及其設計服務）		

▲ 基本面以研究公司營運狀況為主。（資料來源／ CMoney）

接著，挑選有潛力的產業進行個別產業分析，指標包括各產業整體銷售量、產品效能、產業公司數、產業公司規模、國內外競爭狀況等，從中抽絲剝繭後再挑選出有前瞻性的公司放入分析名單。

依據公司的財務狀況、內部運作、市場狀況、銷售量、價格、新舊產品等進行研究分析，進而選出值得投資的公司。一般來說，公司發展會隨著景氣高低而有起伏，經濟繁榮時，營收自然增加，股價也會跟著上漲，相對的，景氣衰退時，營收會持平甚至下降，導致股價下跌。

觀察數據做客觀分析的「技術面」

技術面主要是分析各種數據，並研究股票圖形、觀察趨勢以判斷未來走向，因此學會看懂 K 線圖非常重要。此外，各項技術面的指標也要了解，包括均線、型態、趨勢與成交量等，才能提高投資勝算。其中，均線指的是過去幾日內收盤價的平均值，常用均線包括 5 日均線、10 日均線、20 日均線、60 日均線、100 日均線、120 日均線、240 日均線，投資者根據自己的交易模式決定觀看的均線週期。若投資人是使用「超簡單投資法」，那麼就屬於中長期交易者，建議以 20日均線、100 日均線為準。

另外，常用的型態包括 W 底、M 頭及盤整型態，主要是用來判斷某區間的價格走勢，該指標不需要計算數字，只需要用肉眼觀察即可。在檢視型態時請以固定週期來觀察，不要今天看短、明天看長，一致的基準，分析才有意義。

看盤名詞小知識

一般我們打開看盤軟體，觀看個股走勢時，可以從折線圖看出當日個股成交的狀況，此外還會有 5 個常用數字，包括開盤價、最高價、最低價、收盤價與成交量，分述如下：

- **開盤價**：當日開盤價
- **最高價**：當日最高價
- **最低價**：當日最低價
- **收盤價**：當日最後收盤價
- **成交量**：當日成交股票張數，可由下方長柱狀圖觀看變化

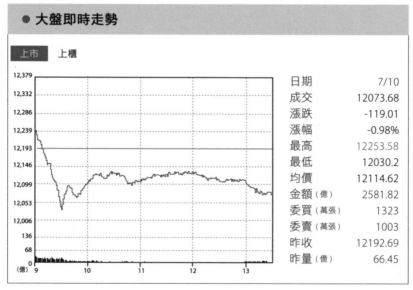

（資料來源／CMoney）

而**趨勢**則是當觀察股價在一段時間內的走勢後，得出上漲或是下跌的**趨勢**方向，進而畫出一條虛擬的趨勢線，用來判斷該檔股票走「多」還是走「空」，進而決定是否要進場。

　　成交量就是觀察該股票的交易量，當交易量大表示有大戶進駐，這時候就可搭上大戶的順風車買進；相對的，若是成交量低迷表示沒有大戶支撐、市場流量差，就不宜買進，才不會發生買得到、賣不掉的情況。

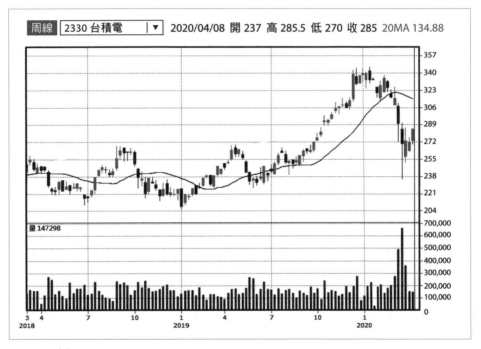

▲ 技術面分析以觀察數據為主，因此學會看 K 線圖就非常重要。（資料來源／強棒旺旺來）

跟著大戶動向走的「籌碼面」

　　籌碼面主張跟著大戶動向走，所謂的大戶大致上分為 3 種，第一種是三大法人，包括外資、投信公司、自營商；第二種是千張大戶，也就是一次購買上千張股票的主力大戶；第三種是關鍵內部人士，包括董監事、經理人、大股東等。籌碼面分析派認為，大戶因為擁有雄厚資金，通常會經過長時間觀察，看好股票未來走向才進場，因此與其自己花時間研究，不如搭上主力的順風車跟著買賣。一般來說，大戶買進、賣出時通常是連續動作，不會在一天之內就結束所有買賣，當主力大戶開始動作時，股價就會呈現連續上漲或是連續下跌的情形，這時散戶也就可以跟著大戶一起動作，獲利機會相對提高。

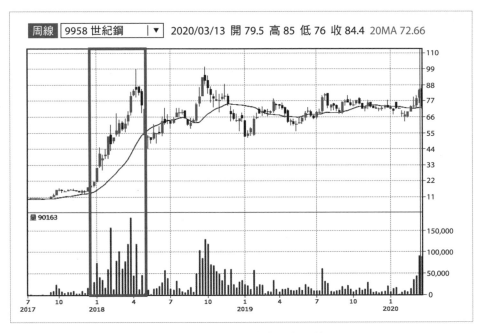

▲ 圖中紫色框框處代表大戶連續買進，因此股價有一段漲勢。（資料來源／強棒旺旺來）

▶ 投資股票類型

投資股票應以中大型股與**趨勢股**為主，中大型股的優勢在於穩定性高、風險相對較低，投資新手可以選擇台灣 50 或中型 100 的商品；**趨勢股**則是看好未來**趨勢**，具有飆股的潛力，從 K 線圖走勢可觀察得知。

選擇高穩定、低風險的大型股

第一次投資選擇穩健、低風險的股票，除了指數股票型基金如台灣 50（0050）、台灣高股息（0056）之外，也可以選擇老字號的大型股，像是台積電（2330）、聯發科（2454）、台塑（1301）、統一超（2912）等，這些企業規模夠大、體質健全，又有多角化經營，呈現穩定成長走勢，適合長期持有。

以統一超（2912）為例，2016 年 1 月至 2018 年 7 月間，股價從 188 元漲至 378 元，走勢呈現上升狀態，長期來看是穩定向上成長，不過仍要注意即使是大型權值股，還是必須評估風險。

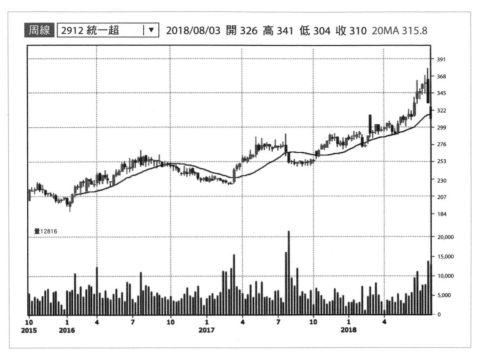

周線　2912 統一超　▼　2018/08/03 開 326 高 341 低 304 收 310 20MA 315.8

▲ 2016 ～ 2018 年統一超（2912）股價走勢圖。（資料來源／強棒旺旺來）

飆股女王的投資金句

買在最低點、賣在最高點是神在做的事，但你我皆凡人。

台灣市值前 50 大公司

編號	股票代號	股票名稱	編號	股票代號	股票名稱
1	1101	台泥	26	5876	上海商銀
2	1102	亞泥	27	5880	合庫金
3	1216	統一	28	2912	統一超
4	1301	台塑	29	5871	中租 -KY
5	1303	南亞	30	9904	寶成
6	1326	台化	31	9910	豐泰
7	1402	遠東新	32	6505	台塑化
8	2002	中鋼	33	2303	聯電
9	2105	正新	34	2330	台積電
10	2207	和泰車	35	2408	南亞科
11	2633	台灣高鐵	36	2454	聯發科
12	2801	彰銀	37	3711	日月光投控
13	2823	中壽	38	2301	光寶科
14	2880	華南金	39	2357	華碩
15	2881	富邦金	40	2382	廣達
16	2882	國泰金	41	2395	研華
17	2883	開發金	42	4938	和碩
18	2884	玉山金	43	3008	大立光
19	2885	元大金	44	2412	中華電
20	2886	兆豐金	45	3045	台灣大
21	2887	台新金	46	4904	遠傳
22	2888	新光金	47	2308	台達電
23	2890	永豐金	48	2327	國巨
24	2891	中信金	49	2317	鴻海
25	2892	第一金	50	2474	可成

資料來源／公開資訊觀測站（2020／5／4）

台灣中型 100 公司

編號	股票代號	股票名稱	編號	股票代號	股票名稱
1	1210	大成	26	2615	萬海
2	1227	佳格	27	2618	長榮航
3	1229	聯華	28	2809	京城銀
4	1434	福懋	29	2812	台中銀
5	1476	儒鴻	30	2834	臺企銀
6	1477	聚陽	31	2845	遠東銀
7	1504	東元	32	2867	三商壽
8	1590	亞德客-KY	33	2889	國票金
9	2049	上銀	34	2903	遠百
10	2371	大同	35	2915	潤泰全
11	1605	華新	36	8454	富邦媒
12	1802	台玻	37	6592	和潤企業
13	2027	大成鋼	38	8341	日友
14	2101	南港	39	8464	億豐
15	2104	國際中橡	40	9914	美利達
16	1319	東陽	41	9917	中保科
17	1536	和大	42	9921	巨大
18	2201	裕隆	43	9933	中鼎
19	2227	裕日車	44	9941	裕融
20	2231	為升	45	9945	潤泰新
21	2542	興富發	46	1717	長興
22	5522	遠雄	47	1722	台肥
23	2603	長榮	48	1723	中碳
24	2606	裕民	49	1707	葡萄王
25	2610	華航	50	2337	旺宏

資料來源／公開資訊觀測站（2020／5／4）

台灣中型 100 公司

編號	股票代號	股票名稱	編號	股票代號	股票名稱
51	2344	華邦電	76	6278	台表科
52	2379	瑞昱	77	6456	GIS-KY
53	2449	京元電子	78	2345	智邦
54	2451	創見	79	2439	美律
55	3034	聯詠	80	2498	宏達電
56	3443	創意	81	6285	啟碁
57	3532	台勝科	82	2059	川湖
58	5269	祥碩	83	2313	華通
59	6239	力成	84	2383	台光電
60	6415	矽力-KY	85	2385	群光
61	2324	仁寶	86	2492	華新科
62	2352	佳世達	87	3023	信邦
63	2353	宏碁	88	3037	欣興
64	2356	英業達	89	3044	健鼎
65	2376	技嘉	90	3533	嘉澤
66	2377	微星	91	4958	臻鼎-KY
67	3005	神基	92	6213	聯茂
68	3231	緯創	93	6269	台郡
69	3706	神達	94	8046	南電
70	6669	緯穎	95	2347	聯強
71	2409	友達	96	3702	大聯大
72	2448	晶電	97	2354	鴻準
73	3406	玉晶光	98	2360	致茂
74	3481	群創	99	2404	漢唐
75	6176	瑞儀	100	6409	旭隼

資料來源／公開資訊觀測站（2020／5／4）

公司股本大於 20 億元以上的「中大型股」

　　台灣上市上櫃公司以股本區分為大型股、中型股、小型股。大型股為 50 億元以上的股本，中型股為 20 億元～ 50 億元的股本，小型股的股本則是 20 億元以下。股本大於 20 億元以上的個股通常穩定性高，不容易被特定人士操弄，且市場流通性也較高，投資人容易變現。反之，若是股本較小，流通性相對較低，成交量也不高，容易被有心人士如股市禿鷹炒作，股價易暴漲暴跌，當出現意外狀況就會難以脫手。

布局美麗的「趨勢股」

　　趨勢股顧名思義就是看好其股票的未來爆發力，只要在相對低點進場，耐心抱股在相對高點時賣出，利潤自然豐厚。投資人在選股時，請挑選股本大的個股，接著檢視其技術線圖，包括判斷趨勢為順勢交易、成交量爆增有大戶進駐、W 底型態是否成立等。會漲的股票「長相都一樣」，趨勢飆股的圖形大多數雷同，多看個股圖形累積挑選趨勢股的功力。另外，「買在最低點、賣在最高點是神在做的事，但你我皆凡人」，投資不用吃到整條魚，而是把握最肥美的魚身，就能嘗到美好的獲利。

　　另外，趨勢股不僅具有存股的優勢，可以長期持有穩定獲取配股配息，也同時能賺取價差獲利，投資人只要利用波段起伏，在股價突破趨勢線，股價起漲時買進，到股票上漲至出場條件時賣出就能賺取價差。

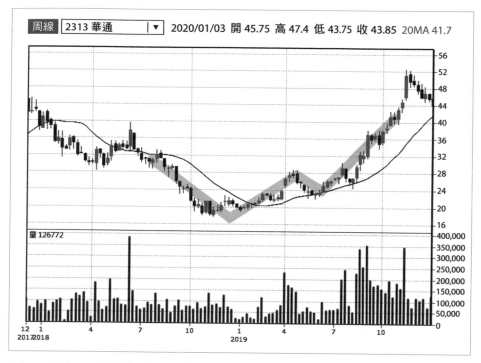

周線 2313 華通 ▼ 2020/01/03 開 45.75 高 47.4 低 43.75 收 43.85 20MA 41.7

▲ 以華通（2313）為例，當股價站上均線突破趨勢線，W 型態完成，就是標準趨勢股的圖形。（資料來源／強棒旺旺來）

理財小教室

魚身理論

股票不可能買在最低點、賣在最高點，只要能夠參與到整段相對的低點和相對的高點，就是最肥美的那一段。

學習波段交易，
輕鬆賺大錢

「小倫在工作幾年後，終於累積一筆閒錢，想要開始買股投資，但因為資金不夠多，只能買一檔股票，他決定先從長線投資開始，利用長期波段走勢賺取價差，一方面可以避免短線操作的風險，另一方面也能學習穩定投資心性，要求自己不受每天大盤波動影響，做出正確決定。」

▶ 股市永遠是「多空循環」

華爾街操盤手傑西‧李佛摩曾說過：「今天在股市發生的一切，以前都曾經發生過，未來也將不斷發生。」這段話的意思是股市永遠會在漲與跌之間生生不息，歷史永遠會重演，因此只要認識多空循環，了解股市運作全貌，就能從中掌握獲利升段，進而在正確時機進場。

所謂的多空循環就是多方、空方會隨著趨勢不斷轉換，再進一步

細分可以分為兩大點、六大階段，分別是最高點、初跌段、主跌段、末跌段、最低點、初升段、主升段、末升段。

德國證券教父安德烈‧柯斯托蘭尼將股市多空循環形容為「雞蛋理論」，表示股市循環不止，並可在初升段時買進，末升段時賣出。

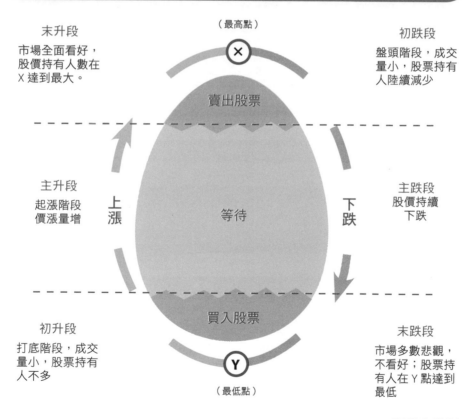

資料整理／林恩如

若是換成股市多空循環圖來看，可以發現每一檔股票的走勢都會呈現打底、上升、盤頭、放空、崩跌，接著再打底、上升、盤頭、放空、崩跌……，如此循環不止，而投資人的最佳進場時機就是在打底期轉為上升期的階段。此時股票剛經過打底盤整，成交量小、只有少量的股票持有者，股價也尚未發動攻勢，是以相對低價買進的好機會，也就是多數人說的「起漲點」。

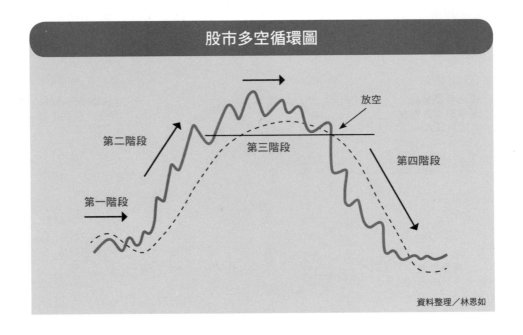

資料整理／林恩如

◉ 波段操作是致富關鍵

　　股市有波動性，就如同海水的潮起潮落、春夏秋冬四季更迭、白

天黑夜的轉換，投資人要跟著趨勢走，伺機而動才能站上浪頭。波段操作就是利用股價波動起伏間賺取價差，在股價相對低點時買入，在價位相對高時賣出，只要方向正確，不難獲利。另外，波段操作方式較靈活，在市場氣氛不佳時，可以幫助投資人有效避免市場風險，更能保存資金實力，等待下次機會來臨時再擇機進場。

基本上多數個股都有一定的波段，投資人只需要在波段中找出對的時機點進出即可，波段操作主要有 4 個技巧，包括選股、買入、賣出與持股，每一階段都是學問，也是投資人在學習投資時必須突破的重要關卡。

其中，選股請挑選已經結束下跌期、進入一段時間的打底，打底完成之後準備上升的個股，篩選出數個個股後再逐一比較單一個股，包括股本大小、產業脈動是否具有前瞻性等，衡量自身資金以及最大損失承受度，評估多方條件皆符合後再進場。很多人在買入個股後傻傻抱著不動，不知道如何出場，其實只要未觸及停損點位就長抱，直到波段結束，跌破 20 週均線再停利或停損出場。

▶ 「週線圖」一眼看出個股走勢

波段交易仰賴的是股票長期走勢，因此學會看 K 線圖相形重要，但是 K 線圖依據時間長短又可分為日線圖、週線圖與月線圖。「日線

圖」反映的是連日來的價格波動，「週線圖」反映的是連續數週以來的價格波動，「月線圖」則是連續數月的價格波動，當時間波段拉得越長越能看出股價趨勢。

其中，週線圖的交易週期適中，趨勢明顯，一般投資人較能接受；日線圖波動較敏感，時間過短看不出方向，尤其主力有可能在短時間內操作股價，造成大起大落的走勢，無法正確判斷形勢；月線圖等待時間則更長，一般投資人耐不住長期的等待。所謂「見樹也要見林」，建議投資時以週線圖作為參考依據，關注個股長期走勢，判斷進出場點。

▶ 投資策略一種就好

投資最擔心「朝令夕改」，今天採用 A 策略、明天採用 B 策略，後天又改 C 策略，每天使用不同方式投資的結果，根本搞不清楚自己適合哪一種投資方法，也可能發生看錯圖形與時間軸，做出錯誤決定的情況。

因此，穩定的投資策略才有穩定獲利的可能性，希望大家看懂股市多空循環圖之後，接著就是找出適合自己的投資方法，做好資產配置及風險控管，再進場交易。股市新手建議先從長線波段操作開始，別輕易選擇短線操作，否則極有可能在短時間內就損失鉅額本金，以及賠上高額的手續費，而提早離開市場。

新手投資心法 1 ｜ 持股檔數

初入股市必定對整個股市操作與波動不熟悉，投資新手建議持股檔數為 3 ～ 5 檔，投資太多股票容易無暇顧及，單一個股投資像雞蛋全部放在同一個籃子，將會增加投資風險，分散在各股反而能降低風險。經過一段時間的交易累積，選股功力會大增，當獲利有感之後，再慢慢提高資金，增加持股水位。

新手投資心法 2 ｜ 設定停損點

投資人在每一次進場前都要考慮風險，先想損失而不是先想報酬，所以設定停損點非常重要。計算可以承受的最大虧損金額，當股價不幸觸及停損點請毫無懸念截斷損失，最害怕在原地躊躇，猜測股價是否會再上漲的不甘心作祟。台股有上千檔股票，不需要執著在同一支股票，要像壁虎「斷尾求生存」一樣，才能降低資金的損失。

新手投資心法 3 ｜ 選擇長線投資

一般投資可分為短期、中期、長期投資，短期投資包括當沖、隔日沖等，屬於極短線操作，並非投資本意，投資真正的意思是依靠長時間累積，進而用錢滾錢，賺取更大利潤。因此，投資股票應先從中長期或長期投資開始，給市場時間讓利潤奔跑，當趨勢轉換時再賣出。

股市正確心法 4 ｜ 加碼前要重新評估

隨時加碼是投資的特性之一，投資人選擇加碼的原因不外乎是看好股票的成長性，加碼投資可以提高利潤。然而，提高利潤的同時也

會增加成本和風險，所以加碼之前應該三思而後行，畢竟對新手來說，不加碼頂多是少獲利，但加碼後有可能失去更多本金，應求穩不求快。

▶ 面對股市黑天鵝，有準備就可無懼

金融市場總會遇到黑天鵝事件的發生，黑天鵝事件（Black Swan Events）是指極不可能發生卻又發生的真實事件，通常會引起市場連鎖負面反應，甚至是顛覆現況。偏偏金融市場沒有不可能的事，2019年末至 2020 年，新冠肺炎肆虐全球，大家都被這隻黑天鵝搞得人仰馬翻，不僅美股重挫在一個月內就啟動 4 次熔斷機制，台股狂跌，導致國安基金進場挽救股市，全球各地股災蔓延。

究竟面對黑天鵝這一類無法預測的突發狀況，有沒有辦法降低風險，事前做好準備呢？答案是有的。投資人只要做好風險控管與資產配置，面對黑天鵝事件就能安然度過。風險控管方面，評估自己能夠接受的最大損失風險，主要以 20 週均線為停損點，遵守遊戲規則，說好的停損一定要狠心執行。

資產配置方面，投資本金要保留三成現金，七成投資本金，千萬不要孤注一擲，將所有資金投入。此外，七成的投資本金不要全部投入同一檔股票，以免資金過度集中，無法分散風險，每一次交易都應該做好最壞的打算、最好的準備。

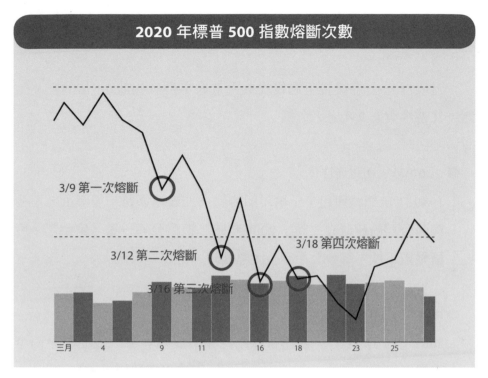

▲ 標普 500 指數在 2020 年 3 月時啟動 4 次熔斷機制。（資料整理／林恩如）

理財小教室

黑天鵝的由來

說到天鵝，腦海中浮現的大多是擁有白色羽毛，姿態美妙的白天鵝，然而在 18 世紀，歐洲人在世界航行時來到了澳洲，發現當地竟然有「黑天鵝」，這對他們來說產生了巨大衝擊，原以為天鵝只有白色，沒想到世界上竟然有黑色的天鵝。

因此後來人們就將黑天鵝比喻為「非常不可能發生，但卻又真實發生的事件。」表示黑天鵝不僅無法預測，更會帶來巨大影響。

▶ 回顧台股金融危機大事紀

台股歷史上曾經發生過幾次重大金融事件，在我 24 年的交易生涯，就曾參與過 9 次金融危機。

2000 年　網路泡沫化

1990 年末網路興起，千禧年即將到來，看準網路市場發展，不少網路公司紛紛成立，到了 2000 年時，網路公司一家一家倒閉，股價嚴重下跌，導致散戶資金大幅縮水，泡沫越滾越大。

2001 年　911 恐怖攻擊

2001 年 9 月 11 日，蓋達組織劫持 4 架民航客機，並使其中兩架飛機衝撞美國紐約世貿雙子星大樓，造成美股恐慌性重挫。

2003 年　SARS（嚴重急性呼吸道症候群）風暴

SARS 疫情爆發，高死亡率使投資人產生恐慌心理，紛紛將股票賣出，使股票大幅下跌。

2008 年　金融海嘯

2007 年時美國房地產市場看好，吸引不少無力償還貸款者購屋，銀行不仔細檢核信用狀況就借款，並包裝成衍生性金融商品再販賣，以至於房市泡沫越滾越大，最後引發次貸風暴、延伸金融風暴，就連當年美國第四大的雷曼兄弟銀行都在這次金融危機中破產。

● **2014 年　太陽花學運**

太陽花學運起因於反對《海峽兩岸服務貿易協議》，抗議者占領立法院，造成國內政經局勢不穩，投資人擔心外資撤走，也跟著從股市撤出資金，造成台股短暫下跌。

● **2016 年～ 2020 年　英國脫歐**

英國脫歐後就不再受歐盟法律、市場等貿易協議約束，並可取回移民政策控制權，短期來看可能會造成我國資訊與光學產業影響，但幸好英國非我國主要對外貿易國，影響有限。

● **2017 年　北韓試射飛彈**

2017 年，北韓進行一連串的飛彈試射以及核彈試驗，更引發了朝鮮危機，除了引起美國關注，台股也引爆一陣小型股災。

● **2018 年～ 2020 年　中美貿易戰**

中美貿易戰為全球經濟帶來變數，雖然雙方已在 2020 年 1 月簽署第一階段貿易協議，但未來經濟狀況會有何進展也未可知。

● **2019 年～ 2020 年　新冠肺炎**

2019 年末起，新冠肺炎逐步蔓延至全球，不僅造成全球恐慌，連帶使國際油價暴跌、美股重創，台股也大幅下跌。

LESSON 10

堅守紀律，
不當股市賭徒

「小安是一位工作多年的護士，每天沒日沒夜的辛勤工作，算一算也累積一筆小存款，她心裡想著該怎麼樣才能讓錢滾錢，創造更大財富呢？後來她聽了朋友建議，決定進入股市，然而因過於心急，太想要賺取高額報酬，她隨意的進出場，看到波動起伏就買進賣出，幾年下來，不僅沒有賺到錢，連帶將本金也賠光。」

▶ 你該懂得正確的投資心態

不少投資人都有一個錯誤觀念，認為投資只要將錢投入金融市場，它就會加倍奉還，給予高額報酬。然而，投資沒有穩賺不賠這回事，正確的投資心態應該是先評估風險、設好停損、堅守原則、並且懂得等待時機。

投資報酬無法預測

　　許多投資人喜歡計算投資報酬，買進股票之後就開始預測能賺多少，然而未知的報酬其實無法計算，也不需要預估，畢竟若有獲利，市場自然回報滿意的答案。反之，風險容易被投資人忽略，因為先想賠錢有違人性，但評估風險才是獲利必經之路。

紀律投資穩健操作

　　投資策略是在股市的求生技能，它必須透過經驗累積，生存技能才會提升，所以，一旦確認好投資方法以及交易策略，就不再隨意更改。舉例來說，若是長期波段操作者，就觀看長線走勢圖為主，不要任意改成短線操作，也不要受到他人影響，定心、定性、定法很重要，紀律投資可以幫助自己訓練心性，穩定情緒，不受波動影響。

懂得等待伺機而動

　　投資是一輩子的事情，無法短視近利，必須長遠來看。想要獲利就需要時間醞釀，若是每天隨著股價波動，只在乎短期蠅頭小利，熱衷在市場殺進殺出，卻忽略長週期的走勢，最後容易變成賺了指數而損失本金，可以說是因小失大。

隨時做好風險控管

　　投資人在享受投資報酬帶來的甜美果實之後，就容易忘記風險控管的重要性，人性的貪婪開始浮現，常常把自己當成股神，無節制的放大本金投資。然而，本金越大風險自然就越高，記得每一次投資前

都須先評估自己可以承受的最大損失，每一次投資失利就檢視交易過程所遇到的問題，如果遵守紀律仍造成損失也別氣餒，只要照著交易規則走，總有一天會還你公道，若是獲利更要保持謙卑的心態，不可一時迷了心竅而任意放大交易金額。

理財小教室

當沖 vs 長期波段操作

當沖是一件嚴重透支信用的行為，不少投資人常羨慕當沖客可以在一天之內殺進殺出，但卻不知道當沖需要冒多大的風險而且交易量要夠大，才能在 4 個半小時中賺取報酬。其實，當沖並不是真正的投資，它需要強大的心智、果決的執行力、承受鉅額風險的能力，畢竟當沖就是以一天之內的股價波動進行買賣，因此當股市一大早開盤就要開始緊盯股盤直到收盤，每一個數字對當沖客都很重要，也因此須具備強大的心理素質才能勝任。

相對的，長期波段操作看的是股價長期的趨勢，利用長期波段的相對高低點賺取價差，相對來說壓力較輕，也不會耗費過多心力在盯盤，加上若能堅守投資策略，情緒就不易被股價牽著走，也能做出正確判斷。

▶ 股市賭徒的常見心態

在賭場中，最受歡迎的就是賭徒，而最不受歡迎的就是那些拿著本金，仔細計算風險，並在對的時機下注的客人。賭徒受歡迎的原因不外乎就是貪心、沒有耐心、急著獲利的個性，股市也是如此，身為聰明的投資人必須要拒絕以下錯誤的投資心態。

賭徒類型 1　期盼一夕致富，一次就梭哈

不少賭徒型的投資人想要一夕之間致富，因此在毫無懸念之下就傾注所有本金，通常梭哈的結果可想而知，不是大賺就是大賠，投入的資金越多風險就越大，若是運氣好當然能獲利，但運氣不好也可能血本無歸，投資變成在賭運氣。

賭徒類型 2　投資無原則，交易頻失利

賭徒型投資人期盼能快速致富，只要任何可能獲利的方式都想去嘗試。然而，因為不清楚交易模式與邏輯，所以經常變換投資方法，幾乎每次投資都失利。基本上，每一次的交易背後應該要有一套可依據的邏輯和理由，支撐著買股原因。若只是隨心情變動，或是聽信他人意見，投資容易沒有主見，最後變成只是在賭哪一支股票會上漲，戶頭的存款也會越來越少。

賭徒類型 3　缺乏耐心等待，急於快速獲利

投資報酬需要時間等待，若是沒有耐心、急於一時快速獲利，很

容易失去理性，被「快速致富」這四個字的慾望帶著走。投資之前記得要了解金融市場運作原則以及規定，熟悉規則進入股市做投資，尤其對新手來說應該從小額、長期投資開始，才能有效運用資金，讓錢滾錢獲取更大報酬，慢慢來不會比較慢，按部就班就算起步較晚，也能在股市大有所獲。

賭徒類型 4　借貸投資，影響生活品質

投資相當忌諱借貸，若是手中沒有閒錢投資，必須要先打消進入金融市場的念頭，先從存錢開始。在金融市場中，勝出者大多是手中有盈餘，拿著閒錢做投資的人，這些人懂得資產配置、分散風險，加上投資只是花「閒錢」，不影響日常開銷，也就不會因投資而影響情緒和生活品質。

相反的，若是依靠借貸投資，一進場心態就輸了，會產生預期猜測盤勢和時間壓力，這樣很容易萌生出想要趁機翻倍、一次就要賺足的想法，因為急著想要快速獲利，更容易出現誤判行為，不僅沒有獲利，甚至越賠越兇，導致生活陷入困境，借貸來的錢成了更大的資金缺口。

賭徒類型 5　聽明牌買股，投資血本無歸

每一個投資人都曾有聽明牌跟風買股票的經驗，還記得 2011 年宏達電聲勢正旺，股價曾一度衝破 1,300 元登上股王寶座，不少人盲目跟流行進場，然而不久各家手機品牌興起，宏達電不敵其它品牌，股

價下滑，直到 2015 年時股價更跌至 50 元以下，不再是台灣市值前 50 大的公司。不少散戶最後只能忍痛出場，賠掉數百萬元，最後只拿回一點本金。

從上述案例可以看出，跟風投資、聽信明牌不僅風險高，完全不曉得自己的交易原因。投資時記得要了解金融市場規則再投資，可以利用技術面分析來保護資金，學習相關指標及投資方法，才能找出正確進出場點，降低損失。

飆股女王的投資金句

自己就是明牌製造機。

第 3 章

懶人投資心法，不看盤輕鬆加薪

很多人聽到「投資」兩個字就卻步，擔心一進場就會開始賠錢，或是把投資想得過於複雜，所以始終裹足不前。想要做好投資理財的第一步絕對是先學習如何投資，當了解金融市場整體脈絡與邏輯，以及相關遊戲規則，就能勇敢踏上投資之路。

這一章我們將會提到「超簡單投資法」，並且搭配四大法寶以及圖例說明，透過有邏輯的選股原則，系統性的交易條件，遵守投資紀律、機械化反覆操作成功交易模式，達到優雅投資、財務自由的目標。

掌握關鍵投資心法

「『跌得越深,就要蹲得越低』,每一次的失敗都是累積經驗值,曾數次在股海中大起大落的我,在最後一次慘賠之際,決定重新檢視每一個交易環節,記得當時每天睡不到 3 小時,靠著手繪 K 線圖,研究台股歷年走勢,終於打造屬於自己的『超簡單投資法』,重新出發之後,不再整天盯盤,就能輕鬆獲利。」

金融市場無論過去或未來都是多空循環交替,每一種金融商品的 K 線圖都是由買賣雙方交易結果所組成,當知道這個基本的簡單原理之後,再透過宏觀的視野看待市場循環,就能比較清楚市場輪廓了。在了解金融市場就是多空無限堆疊,接下來就是尋找適合的投資方法,學習如何進出場。

▶ 投資心法 1：穩賺不賠的投資，就是投資自己

在進入金融市場之前，必須先學會看懂市場運作，這樣才算是拿到投資市場的入門票，「想要怎麼收獲就先那麼栽」，每一件事情都是經過努力而得來的，投資理財亦是，透過不間斷自我學習，以及經驗累積才能算是正式進入投資領域。

市場投資人最希望的就是「穩賺不賠」的交易，若要找到穩賺不賠的投資，那就是投資自己，而且投資報酬率有可能高得驚人。「一分耕耘、一分收穫」，只要有所努力，就會有所成果。

在進入「超簡單投資法」之前，想跟大家分享一件事，以前在證券公司工作時，我一直認為選股技巧比投資心性更重要，只要擁有出神入化的選股能力，就能天天從市場獲利。然而，當沖的歲月讓我明白空有高超的選股技巧，都遠不及強大的投資心性來的重要，因為人性不會改變，所有的貪婪和恐懼都能影響交易結果。

學習投資請先懂得存錢、充實財經知識、熟悉相關投資策略，以及做好資金控管與情緒管理，其中存錢是投資的第一步，有了本金才能夠錢滾錢，充實財經知識可以透過閱讀書籍、研究 K 線圖等，而養成穩定的投資心性，不被市場的紛雜訊息影響，才能做出客觀判斷。

另外，投資方法百百種，每一種方法都有擁戴者，找出最適合自

己的方法並確實執行。就如同選大學科系，一定會先想好自己的興趣及能力，才能選出最符合自己就讀的科系。此外，投資之前請務必做好三大準備：

準備 1　評估風險，設定停損

　　每一次的交易最先想到應該是能「賠」多少，而不是想「賺」多少，股市不怕投資人賺錢，更不會在乎投資人賠錢，所以，設定停損是保護自己的最佳法則。人家都說股市無情，所以千萬不要跟它發生感情，該停損就瀟灑離開，情牽股市，不願停損的人，往往都沒有好結果，尤其遇到空頭時損失將更慘重，最嚴重更有可能傾家蕩產。

　　投資時記得要嚴格遵守進出場原則，股票符合條件就毫不遲疑的進場，當跌破 20 週均線，或是到達停損點時就出場，嚴格遵守「20 週均線」的原則，機械式的反覆操作，才能收成「大賺小賠」的甜美果實。

準備 2　敬畏趨勢，大賺小賠

　　記得剛進市場時，爸爸送給我一句交易金言「順勢而為、勿逆勢而行」，指的是順著趨勢交易，獲利機會才大，股票上漲時做多，下跌時放空，不要和市場唱反調。進場前先判斷目前趨勢是多頭市頭，還是空頭市場，定出交易方向再設定可以接受損失的金額，接著就是等待市場給予的結果。

　　只要選對趨勢方向，市場自然會回報合理報酬，不少投資散戶認

為，買股就是要穩賺不賠，但實際上，股市並不存在穩賺不賠。過去打著保證獲利、穩賺不賠的人，大多是吸金或是詐騙居多，交易沒有穩賺穩贏的事，偏偏許多人一直在找這個不存在的事，成功的投資人幾乎都是靠大賺小賠累積財富。

準備 3　未來無法預測，報酬需要等待

生活化交易是指日常生活中有許多觀念、行為都可以運用在投資上，讓交易融入生活，才能優雅投資。好比獵人出外打獵，等待獵物出現需要時間，套用在投資上就是想要有優渥報酬，同樣需要時間等待，投資時應把心思放在手中的股票，而不是觀望他人手中大漲的股票，應該要將眼光放在自己身上才正確。

投資人最需要的是靜心等待時機、依照紀律進出場，別在慌張之下毫無根據的買賣股票。另外，還有一種心態需要避免，那就是當聽到市場出現大跌時就跟著恐慌，且聽從他人預測，胡亂賣出手中持股，常常是冤枉賠錢出場。

▶ 投資心法 2：堅持信念，永不放棄

「每一次的投資，我都做最好的準備、最壞的打算，即使賠錢，也不輕言放棄。」這是我一貫的投資原則，就像學習任何新事物一樣，持續練習、不輕言放棄，才有可能達成目標。

1999 年電子股當紅，當時只要閉著眼睛隨便買股，就可享受天天漲、天天賺的快感，而我也因此累積一大筆財富，但是，好景不常，2000 年網路泡沫，市場行情急轉直下，全球看好的網路股全軍覆沒，台股大幅下跌逾 6,000 點。當時，我手上有一檔相當看好的網路概念股，價格從 120 元跌至 20 元，面對雪崩式的股災，讓我措手不及，也首度見證台股萬點崩跌行情。

　　記得第一次遇到股市崩盤當天，不知道如何面對家人，就躲進房間假裝睡覺，心情跌到谷底。經歷過慘痛的教訓之後，我決定休養生息，短暫離開股市，但仍天天心繫股市，每天記錄大盤走勢、整理資料、閱讀大量書籍，並沒有因為停止交易而暫停增加自我實力。

▶ 投資心法 3：不間斷練習，越賺越上手

　　投資就像學習新事物，需要透過長期且持續的練習，才足以累積大量經驗與心得，並且越來越上手，養成賺錢本質最後內化成體內DNA，讓賺錢和賠錢都像呼吸一樣自然。

　　2008 年發生次級房貸、雷曼兄弟破產一連串危機，掀起金融海嘯，全球各地股市陷入風暴，讓我再次歷經慘賠，一個月之內狠狠賠了 7 位數的資金，心情再度跌落谷底，後來經由爸爸的鼓勵，不放棄的我再燃起鬥志，爸爸常說：「打電動都有攻略可以破關了，金融市場一定也有！」

因此，痛定思痛，下定決心捲土重來，這一次我付出更多時間及心力，研究所有的技術分析指標，即使不眠不休，心中總有個信念，就是要找出「破關秘笈」。當時每天進書店報到，翻閱國內外經典財經書籍，親自手繪 K 線圖、熟記大盤 K 線圖的走勢，並列出之前每一次的交易成績，一筆一筆的檢討可能的問題，經過不斷的修正，調整策略及心態，整裝再出發。後來，靠「超簡單投資法」的策略，在金融海嘯時，放空跌破均線的台股並倍數賺回。於是，確定技術分析是可執行且獲利，我慢慢整理出自己的交易系統，以及領悟四大法寶（均線、趨勢線、成交量、型態）的重要性。

投資時只要根據「一條均線」即可判斷多空，也就是 20 週均線，這一條均線代表過去一段時間，所有投資者的平均交易成本，當站上 20 週均線就代表持有者是獲利狀態，反之，跌破 20 週均線則代表大部分的持有者為虧損狀態。

▶ 投資心法 4：想敗部復活，請留保命錢

投資首重風險，前述內文已說明風險的重要性，市場永遠有風險存在，投資人必須懂得與風險共存。風險無法預測，我們能做的是盡量將風險控制在可接受的範圍內。所以，投資不能全部梭哈，聰明的人手上總是留有三成現金，以備不時之需。

在經歷股市多次的大起大落，我總是嚴格執行停損以及部分保留本金，絕對不會做出超出能力範圍的決定。而且，在每一次慘賠的同時會更加冷靜看待自己和大盤對話，包括 2000 年的網路泡沫、2006 年波段長抱股票套牢、2008 年金融海嘯放空股票，獲利滿滿，爾後在 2009 年又因台股反轉沒做好資金控管，再次白走一遭。每一次的交易停損，我都平常心面對，理性估算停損之後的剩餘資金，因為那代表身邊還有多少銀彈可以再投資。

除了檢視剩餘資金之外，其次就是要想辦法增加資金，繼續累積到一筆可動用的閒錢再投入市場，資金越大代表投資的彈性空間越大，選擇的商品也多；相對地，資金越小可以運用的空間也越小，選擇條件也容易被限縮。

▶ 投資心法 5：不想認賠，你會賠更多

許多散戶的投資行為在進場前後是兩樣情，進場之前看好 A 投資方法，進場之後因為股市波動，馬上改 B 投資方法，和自己當初說好的遊戲規則不同，例如原本是價差交易卻因為股票套牢而改變心意，變成領股息的投資人。這一類型的散戶認為，股票只要沒有賣出就沒有賠。若是股價持續下探，散戶的邏輯通常是說服自己當成長期股東，等待有一天遇到市場反轉向上，就能不用賠錢。但是，沒賣股票真的就等於沒有賠錢嗎？還是只是安慰自己一面說詞？每一個投資學派的答案不一，

我認為進入市場就要勇敢面對自己的交易盈虧，以及認真看待資金。

　　股票沒有賣出，感覺沒有賠錢，因為還保留一絲希望。但是，帳上的未實現損失明明就是虧損狀態，若股價持續下滑，實際損失也會越賠越多，侵蝕本金。過去有不少的上市櫃公司下市，以博達（2398）為例，若沒有及時停損，股票就會變成一張壁紙，毫無價值可言。

　　過去曾經紅及一時的宏達電（2498）也是很多股民心中永遠的痛。2011年，宏達電（2498）股價一度衝到1,300元，當時市場全面看好，更成為台股人氣股王，內外資紛紛調高目標價，但股價並未持續走高，反倒是往下走。股價在跌破20週均線之後就開始續跌，近10年的股價每況愈下，年年有低價，到了2020年時股價僅剩30元，和過去的風光股價相比，簡直是天差地別。（歷年下市公司可見附錄三）

　　股票入手之後，若是沒有設定停損點就必須承受高風險，該停損的時機不出場，無疑就是在凌遲自己的身心靈，眼睜睜看著資金縮水，卻又不敢有所作為。因此，投資必須要做好風險控管，面對風險、擁抱風險，並且設好停損點，才能保護自己的資產，等待下一次投資的機會。

飆股女王的投資金句

「投資自己」才是穩賺不賠。

超簡單投資法

「進入股市今年已 24 個年頭，前半段熱衷於當沖交易，即使繳出亮眼的成績單，也只是幫券商打工，付出鉅額的證交稅給政府。但我始終沒有放棄投資，靠著鑽研技術分析、加上大量實單交易，終於搞懂金融市場的運作模式，淬煉出『超簡單投資法』，搭配完美的四大法寶，只需要K線圖就能輕鬆判讀任何金融商品的走勢。」

▶ 超簡單投資法，適用任何金融商品

「超簡單投資法」沒有過多複雜的招式，只依靠一條均線就可輕鬆判斷多空趨勢，當股價站上 20 週均線買進，跌破 20 週均線時賣出，簡單的原則，讓投資人知道交易其實可以很輕鬆優雅。

超簡單投資法依據的是技術分析中的「K線圖」，K線圖中不僅可以看出過去股價走勢，也能了解股票未來趨勢、型態的軌跡、成交

量的變化。超簡單投資法擁有均線、趨勢線、型態、成交量等四大選股法寶，投資人透過四大法寶相互確認就能挑選出好股票。以下就先從看懂 K 線圖開始：

3 分鐘搞懂 K 線圖

　　大多數投資人判別股市的走勢，最常用的方式就是 K 線圖，K 線圖是由紅 K 棒與黑 K 棒（在台灣黑 K 棒多以綠 K 棒表示）組成，每一個 K 棒都包含四種價格，分別是開盤價、最高價、最低價、收盤價，也就是記錄當天買賣的交易狀況。當收盤價高於開盤價時就會以紅 K 棒表示；當收盤價低於開盤價時就會以黑 K 棒表示，當每日 K 棒依照時間排列就形成 K 線圖，也就是股價 K 線圖。

　　其中，K 棒有長有短，有時還會出現上影線跟下影線。當天走勢上漲，收盤價比開盤價高就會以紅 K 棒表示，其上影線就是當日出現的最高價，下影線則是當日最低價。反之，綠 K 棒就是當日走勢下跌收黑，收盤價比開盤價低，其上影線就是當日最高價，下影線則是當日最低價。

　　視投資人的喜好選擇 K 線圖的週期，以短期投資而言，通常會使用分鐘線、小時線或日 K 線；中期投資會選擇使用週 K 線；長期投資則是看月 K 線。超簡單投資法是一種中長期的投資方法，所以主要使用週線圖進行操作，因為週線圖擁有觀看中長期走勢的優勢，也沒有短週期短進短出的缺點，可以有效運用在波段操作。

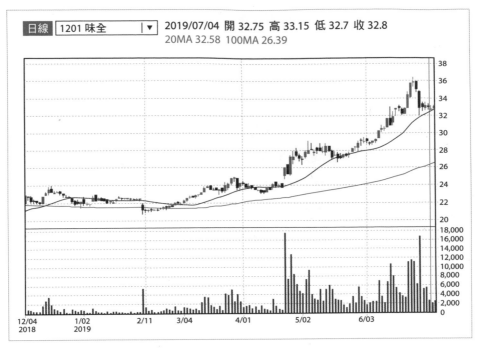

▲K線圖由每日K棒組合而成，可以看出股票的走勢。（資料來源／強棒旺旺來）

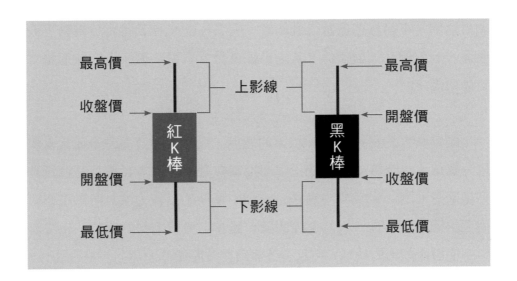

▶ 認識四大法寶

四大法寶是超簡單投資法用來判斷股票走勢的工具，包括 20 週移動平均線、趨勢線、型態與成交量，這四種判別指標各具重要性，集合起來運用能更精準的選出好股票，減少進出場次數，分別了解四大法寶的意義之後，就可以實際套入個股練習，判斷股票走勢。

法寶 1 ｜ 20 週移動平均線

移動平均線（Moving Average，英文縮寫 MA）簡稱「均線」，是由美國投資專家葛南維（Jogepsb Ganvle）創立，簡單來說，均線就是每日收盤價加權平均，從而得到一條帶有趨勢性的軌跡，它代表投資人在某一段時間內買入股票的平均成本，反應股價在一定期間的變化，故又稱之為成本線。

均線可以分為 5 日線（週線）、10 日線（雙週線）、20 日線（月線）、60 日線（季線）、100 日線（20 週線）、120 日線（半年線）、240 日線（年線）等不同週期。很多投資人會運用均線做為交易基礎，差別僅在於均線參數不同，沒有哪一種週期最好，端看投資人的交易習慣而已。以 20 週均線為例，我們可以透過 20 週均線圖看出 100 日股價的走勢，當均線往上即表示股價向上攀升，當均線往下就代表股價向下展開跌勢。

而超簡單投資法的四大法寶之一就是採用 20 週移動平均線，趨近

於半年的時間，利用中長期股價走勢判斷過去一段時間該檔股票的狀況，就像我們從健康檢查報告了解自己的健康情形一樣，移動平均線也就如同股票的健康檢查報告一樣，可以利用圖形與數據觀察該檔股票的特質。

只要股價站在 20 週均線上就表示股價正在向上攀升，行情偏多方，可以趁勢買入，相對的，只要股價跌破 20 週均線就表示股價正在往下跌，行情偏空方應即刻賣出，停損或停利。

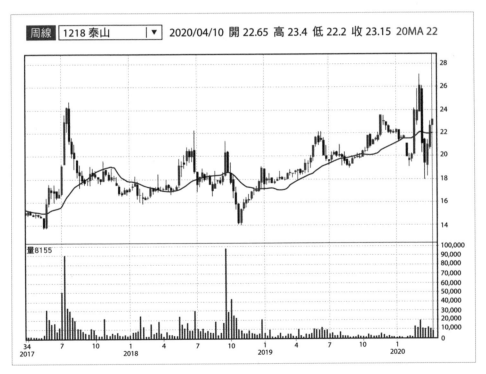

▲ 圖中的黑色線就是 20 週均線。（資料來源／強棒旺旺來）

法寶 2 趨勢線

趨勢線可以用來觀察股價在某一段時間內是上升還是下跌,它是以 K 線圖為基礎,再自行畫出一條趨勢線,趨勢線可分為 3 種,包括上升趨勢線、下降壓力線與橫切線,以下分別介紹:

● **上升趨勢線**

第一種「上升趨勢線」是指股價在過去某一段時間內往上走,趨勢線的畫法是找出連接股價波動的低點,兩點相連,若股價沿著此線方向往上走,那就代表該股走勢正在上升,屬於上漲的行情。

● **下降壓力線**

第二種「下降壓力線」是指股價在過去某一段時間內往下走,趨勢線的畫法是找出連接股價波動的高點,兩點相連,若股價沿著此線方向往下走,代表該股走勢正在下跌,屬於下跌行情。

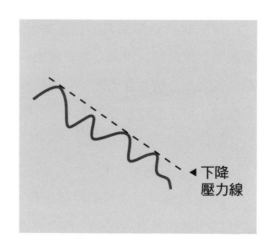

● 橫切線

　　第三種「橫切線」則是運用在局勢不明的盤整狀態，趨勢線的畫法是找出連接股價波動的高點，兩點相連，若此線呈現水平狀走勢，就表示該檔股票正處於盤整，暫時不宜買入，應等到行情走出方向之後再進場也不遲。

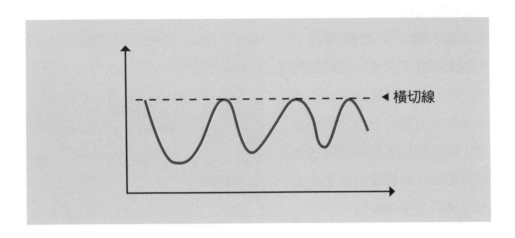

　　趨勢線可以幫助判斷股票是否適合進出場或持續持有，當畫出趨勢線後發現股價呈現向上攀升就表示行情持續中；當趨勢線呈現下降走勢，就表示股價正在下跌；若趨勢線呈現橫切線，就表示該檔股票正進行盤整，可以等待盤整結束，突破橫切線出現明顯趨勢後再擇機進場。

法寶3　型態

　　線圖形態可用來判斷股票走勢，同樣以 K 線圖為基礎，為組合 K 線並以底部的概念做篩選，再自行畫出的一條折線圖。分為 3 種型態，包括 W 底型態、M 頭型態與盤整型態，以下分別介紹：

- W 底型態

　　W 底型態的畫法是先選定某檔股票的一段時間，找出其中兩個低點，畫出如「W」字型的線條，稱之為 W 底型態。當股價站上週 20 均線，而且出現完整的 W 底型態時，通常該檔股票將有一段波段漲勢，而 W 底型態可以用「底底高、峰峰高」六字口訣記誦，只要後面一底比前面一底高，呈現左低右高的走勢，並且股價站上週 20 均線，此時就是進場時機。

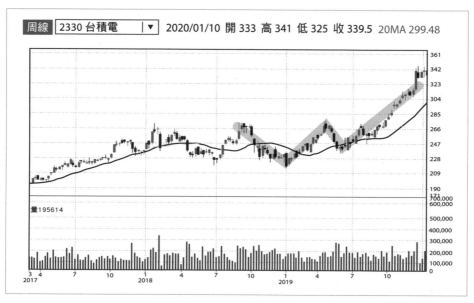

▲「底底高、峰峰高」是 W 底型態的口訣，呈現左低右高的走勢。（資料來源／強棒旺旺來）

飆股女王的投資金句

W 底的致勝口訣：底底高、峰峰高。

- M 頭型態

　　M 頭型態的畫法同樣是先選定某檔股票的一段時間的高點,畫出如「M」字型的線條,稱之為 M 頭型態。若圖形呈現左高右低,當 M 頭型態出現之後,往往經常會有一段跌勢。而 M 頭型態的口訣是「峰峰低、底底低」,只要後一峰比前一峰低,並且股價跌破週 20 均線,就是出場時機。

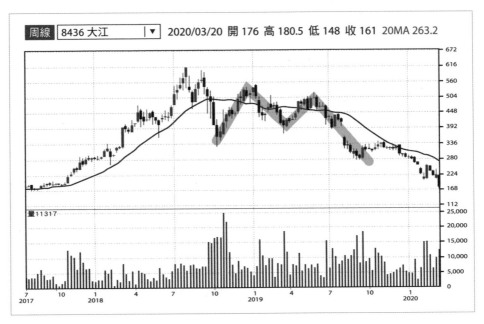

▲「峰峰低、底底低」是 M 頭型態的口訣,呈現左高右低的走勢。（資料來源／強棒旺旺來）

飆股女王的投資金句

M 頭型的致勝口訣:峰峰低、底底低。

- 箱型型態

　　盤整型態呈現箱型整理，股價走勢在某一區間呈現橫向小幅波動，沒有明顯漲跌起伏，表示該檔股票正進行盤整，需要一段時間整理，才會走出明顯趨勢，請投資人稍安勿躁，股市中有七成的時間都是處於盤整階段，沒有明確的趨勢，相對獲利空間有限，投資人可以耐心等待，不宜進場。

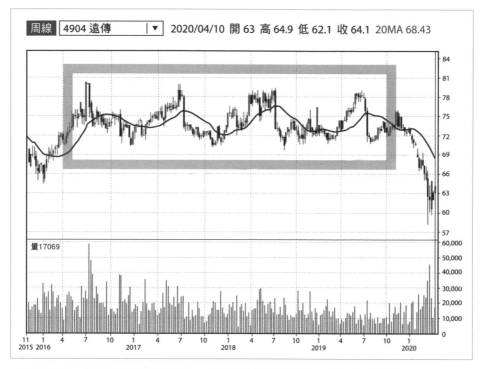

▲ 股價在某一區間範圍內上下移動，代表正處於盤整型態，沒有特別行情。
（資料來源／強棒旺旺來）

法寶 4　成交量

　　最後一個選股法寶是「成交量」，超簡單投資法除了運用均線判斷進出場時機外，同時要掌握趨勢線、型態，以及觀察成交量變化，四個法寶相輔相成就能挑選出好股票。那麼「成交量」在超簡單投資法中扮演什麼角色呢？答案是：評斷這檔股票是否有大戶進駐。

　　所謂「大戶」包括法人、擁有千張股票以上的大戶，例如公司董監事、監察人、關係人、外資、投信、投顧等對象，這些人手上通常握有龐大資金可以大量進出股市。當他們一出手往往會瞬間拉抬股價，當然放手時也會使股價大幅下跌，有人「照顧」的股票會呈現在成交量指標上，投資人一定要關注成交量的變化才能判斷是否有買氣，確認股票是否該買進或賣出。

　　投資人需要特別注意：如果某檔股票的股本很小而且成交量很低，但價格卻上漲，代表沒有主要大戶介入，這時候不宜買進，因為股票流動性低，有可能會出現想賣卻沒人要買的情況，最後只能入住套房。建議投資人挑選成交量大、明顯有大戶進駐的大型股、好進好出，才不至於買進出現後進退兩難的窘境。

　　此外，檢視成交量請以週線圖為主要判斷週期，因為日線圖時間太短，即使在 3 ～ 5 天內有明顯爆量，也僅能看出大戶短期的動態，較難看出長期走勢，難以判定有無延續力道。然而，週線圖不僅區間較大，也較易看出成交量在一段區間內有無延續暴增的量能，當成交

量持續暴增不僅能帶動市場買氣、推動股價上升，也表示該檔股票備受矚目，投資人也可以趁低檔爆量的當下搭上大戶的順風車，抓到波段趨勢中的起漲點趁勢買進，所謂的量增價漲或量較價先行正是如此。

　　以成交量爆量來判斷買進時機時，同時也要確定股價是否站上均線。另外，若遇上盤整階段，成交量有可能暴增或暴減，狀況非常不穩定，這時候記得要搭配另外三大法寶，也就是 20 週均線、趨勢線與型態一起觀察，若單純只依靠成交量判斷，無法精準看出趨勢，也容易影響交易決策。

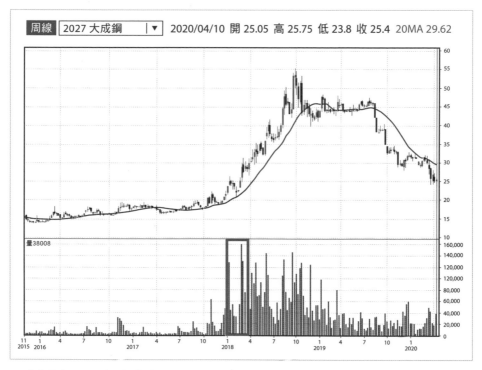

▲ 成交量爆量可以視為進場訊號之一。（資料來源／強棒旺旺來）

「買進後不漲」，其實很正常

不少散戶進入股市從來沒有賺過大錢，總是認為股票只要有獲利就要趕快賣出，僅賺到微薄的買菜錢，長時間來看將會來賺少賠多。個股買進後不漲，長抱數月都是很正常的情況，因為股票有七成的時間都處於盤整，一般持股只抱 2 ～ 3 天都屬於短線操作。買進股票後別忘了給市場時間，讓股價發酵，只要沒有跌破停損點都值得等待，等到波段行情向上噴出再獲利了結，才能達到「大賺小賠」，財富才得已累積。記得一有風險就出場，一旦股價跌破 20 週均線就立刻停損賣出，以免損失更多本金。

▶ 出現四大訊號請立刻停損

投資最重要的就是計算風險，並嚴格遵守停損點，不戀棧的出場。每每在行情由牛市轉為熊市時，投資人選擇的處理方式歸納為兩種，第一是假裝沒看到，賭它之後會再漲回來；第二是恪守說好的「約定」，認賠殺出，拿回部分資金。以下也提供 4 個停損訊號，投資人一旦看到訊號出現就要謹慎應對，股票該走該留自己最清楚。

停損訊號 1　跌破 20 週均線

「跌破 20 週均線」是超簡單投資法中最強調並且必須遵守的原則，當股價已經跌破 20 週均線，就表示行情轉弱、多方趨勢不再，必須立即砍單出場，等到下一次股價再度站上 20 週均線再進場。

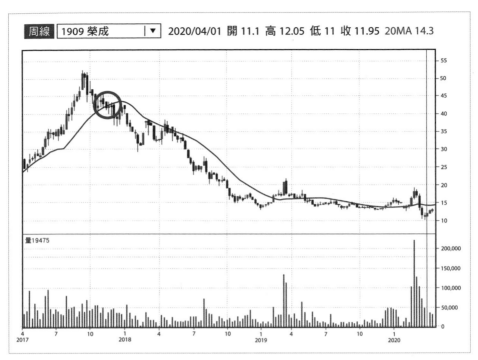

| 周線 | 1909 榮成 | ▼ | 2020/04/01 開 11.1 高 12.05 低 11 收 11.95 20MA 14.3 |

▲ 以榮成（1909）為例，股價跌破 20 週均線即趨勢反轉向下。（資料來源／強棒旺旺來）

　　以上圖榮成（1909）為例，股價在跌破 20 週均線時價格約 41 元，若是沒有及時出場，等到 2019 年 1 月中，股價已跌到近 14 元，其中就有 27 元的價差，即一張股票就賠了 27,000 元，跌幅高達 66%，可見沒有當機立斷進行停損，損失通常會持續擴大。

停損訊號 2 跌破上升趨勢線

　　第二個停損訊號是股價跌破上升趨勢線，表示當初股價上漲力道消失，無以為繼，此時，投資人需要評估此檔股票可能轉為偏空，必須出場。

▲ 以台灣高鐵（2633）為例，股價約在 37 元跌破上升趨勢線。（資料來源／強棒旺旺來）

出現明顯 M 頭型態

在型態圖中，W 型態被視為打底完成，準備噴出漂亮走勢的訊號；反之，M 頭型態則被視為股價反轉訊號，是準備下跌走勢的開始。因此，當手中持股跌破均線且出現 M 頭型態時，就不要再眷戀也不要不甘心，停損賣出才能保本。

▲ 以日勝生（2547）為例，M 頭型態明顯，且股價已跌破 20 週均線。（資料來源／強棒旺旺來）

　　當股價持續下跌、屢創新低，低點一次比一次低，就不應該對它有太多的寄望。此外，不少投資人看到低點就想逢低買進，這並不符合超簡單投資法的正確投資策略。因為就趨勢而言，低還有更低，你永遠不知道低點有多低，投資人應該順勢交易，跟隨著趨勢走，而不是預測低點撈底，畢竟底深不可測，應遵守紀律、眼見為憑、相信數據才是正確的投資方式。

▲ 從圖中可以看見大成鋼（2027）的股價屢創新低。（資料來源／強棒旺旺來）

▶ 善用工具，學會選股

　　進入股市投資其實沒有想像中困難，投資人只要掌握交易的標準程序，遵守買進賣出的原則，設好停損點，投資其實可以很簡單。當股價往上攀升時，一定是由某個低價往高價走，當股價下跌時也一定是由高價往低價走，不論是往高價還是往低價走，都會有一個明確的「價格」做為依據，不用自己胡亂瞎猜，這個數字就是 20 週均線的平均價。

　　我們依據 20 週均線來判斷行情的多空，並加上趨勢線、型態、成交量的相互確認，就可以在股票市場中長期生存。然而，對上班族來說，每日朝九晚五的辛勤工作，遇到工作量大還要加班，回家之後又有家人要陪伴，幾乎沒有時間可以好好研究股市行情。

　　於是，「沒有時間」成了多數上班族將投資理財拒於門外的藉口，但我相當鼓勵大家越早開始投資理財，對人生會越有助益。因為，人生還有許多事情值得經營，懂得如何利用錢滾錢創造財富，才能在無經濟壓力之下，擁有更好的生活品質。

　　幫助大家翻轉人生是我進入投資理財教育的初衷，因此，我將多年交易的實戰經驗，轉化成人人皆可複製的選股方式，包括統整所有技術分析的精華，以及融合四大法寶，化為有系統的交易程序，打造「長線聚寶盆 Plus」、「強棒旺旺來」兩大選股軟體，只要利用軟體

就能在 5 分鐘內，從台股 1,700 多檔股票中，選出當週的強勢股及當日的強勢股，確認風險接受度後，就能選出適合自己投資的股票。

理財小工具 「長線聚寶盆 Plus」 潛力股集合地

「超簡單投資法」最重要的交易策略，就是嚴守股價站上 20 週均線進場、跌破 20 週均線就出場的原則，這個方法適用於大多數的投資人，不論長線、短線操作都可以簡單運用。

「長線聚寶盆 Plus」是為長線操作而設計，將成功的交易策略透過大數據演算呈現，投資人只要選定喜歡的股票屬性，例如剛起漲的股票，或是已經上漲一段時間的個股，融合四大法寶的判斷，將每一檔個股進行星級評價，找股票不必再看一大堆數字，只要看星星數就能判斷符合趨勢型態、帶量突破的強勢股。此外，除了用星星先篩選個股之外，還可依靠「火焰指標」進一步選出強勢明星股，節省選股時間。

另外，目前台股「類股輪動」的情形越來越快，同一產業中，領頭羊個股隨時會有所變動，因此投資人不容易找出產業中的龍頭股，這時也可利用軟體中的「當期強勢類股排行榜」功能，找到金流類股。

下載
長線聚寶盆 Plus
試用版

「強棒旺旺來」 飆股都在這裡

　　只要把握正確的投資原則，無論長線、短線操作都能累積獲利，若是想進一步了解市場短期動態，可以選擇「強棒旺旺來」選股軟體，做為觀察大戶籌碼面及市場走勢的利器。

　　「強棒旺旺來」選股軟體能在當天快速篩選出盤中的強勢股和弱勢股，它將個股分為多方條件與空方條件，依據目前大盤燈號，大盤紅燈選多方標的，綠燈選空方標的，快速篩選出多空個股。投資人可以從每一檔股票的日線、週線檢視比對，擬定相關波段交易策略。

　　雖然「強棒旺旺來」主要是為即時盤中判斷所做的設計，但中長期投資人也可以透過該軟體找出大戶近期布局的個股，並確認從「長線聚寶盆Plus」中選出來的標的，是否同步出現在「強棒旺旺來」，若是個股在這兩個工具都有出現，就代表該檔股票相當具備飆股潛力。

下載
強棒旺旺來
試用版

輕鬆學會
台灣 50 ETF 投資法

「投資新手小紅在認識完常見的投資方式後,決定買一支股票進場投資,但她手頭現金不多,加上對各檔股票認識不深,最後她決定選擇台灣 50 股票指數型基金(0050),因為 0050 追蹤的是大盤指數,不僅不必花太多時間看盤,又能一次投資一籃子的優質股,達到分散風險的目的。」

▶ 誰適合投資台灣 50 ETF?

ETF(Exchange Traded Funds)稱之為指數型股票基金,ETF 不僅將指數證券化,投資時僅需關注大盤走勢,不用花太多時間研究個股,而且投資方式與股票完全相同,無須另外開帳戶就能投資,加上可以分散風險的特性,相當受到投資人的喜愛。

其中,目前台灣最熱門的台灣 50 ETF(股票代號:0050),更是

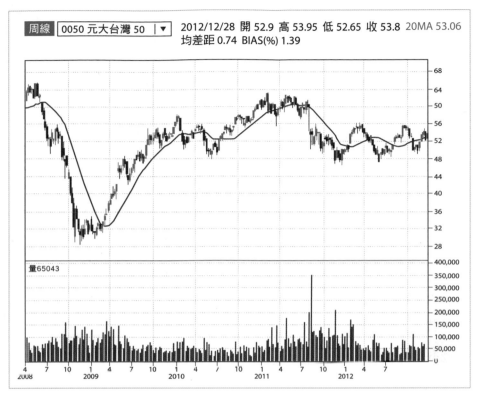

周線 | 0050 元大台灣 50 | ▼ | 2012/12/28 開 52.9 高 53.95 低 52.65 收 53.8 20MA 53.06 均差距 0.74 BIAS(%) 1.39

▲ 元大台灣 50（0050）於 2008 ～ 2012 年的走勢。（資料來源／長線聚寶盆）

理財小教室

定期定額不要輕易停止買賣

定期定額強調的是長時間投資並且分散風險，以 0050 為例，長期投入的報酬率優於定存，因此不要輕易的中斷定期定額的投資動作，以 2008 年金融海嘯那年來看，雖然跌幅約 50%，但台股市場長期仍是漲大於跌，若持續投入交易的人當時沒有因為害怕就停止買進，就可以有不錯的報酬率。

節省研究時間

　　透過定期定額可以節省許多研究分析的時間，比起研究個股必須花上時間研究單一股票的股價波動、短期與長期走勢、判斷進出場點等，相對來說較省時省力。

適合長期持有

　　定期定額是於固定時間投入固定資金進行投資，例如每個月 5,000元，或 10,000 元固定買入，適合長期投資人。有時候我們會為了等待一個相對低點進場，因此錯過許多更好的進場時機，但透過定期定額投資 0050 就能長期穩定擁有金流，包括穩定領取股息股利，也能等待時機賣出。

方式 2　大跌大買，逢低進場

　　「大跌大買」是指在股票暴跌時，投入大筆資金買進，而 0050 是由台灣市值前 50 大的公司組成，原則上體質好，較不會有倒閉的風險。投資人可以利用大跌大買的策略買進 0050。大多數的投資人總是希望能買在最低點，但實際上，我們不會知道何處是最低點，只能利用大跌大買的策略分散風險，而暴跌就是一個很好的進場時機點。

　　投資人想做到「大跌大買」必須具備 3 個條件，第一是耐心等到大跌的時機，第二是大跌時手上有足夠資金可以投資，第三則是穩健的心理素質。股神巴菲特曾有句名言：「別人恐懼時我貪婪，別人貪婪時我恐懼。」指的就是在股市出現大跌時仍要穩定心性，並勇於買

入可投資的潛力股。

準備足夠資金交易

　　想要在大跌時進場投資的人，必須準備好充裕的資金，「大跌大買」策略一般投資人並不容易執行，因為當金融市場狀況不穩定時，人心惶惶、市場消息雜亂，眼見著市場重挫，多數投資人身邊會想保有現金，不敢進場交易，這是人性的表現。此時，投資人的心理素質要相當健全，並且備有充足的閒錢才能運用此一策略。

（方式 3）　**波段操作，靈活運用資金**

　　波段操作方式則較為靈活，主要是運用技術分析、利用數據找出相對低點進場，在相對高點時出場。可以透過超簡單投資法並搭配四大法寶進一步實現。另外，雖然波段操作可以靈活運用資金，但卻需要嚴守紀律、禁止貪念，並且確實控制風險與執行停損點，才能在投資路上走得長久。

學會判斷進場時機

　　超簡單投資法最基本的判斷方式是：當股價站上 20 週均線買進，以 2019 年 8 月 30 日的 0050 為例，當時股價剛站上 20 週均線（如P154 圖），通常會出現一段走勢，所以突破 20 週均線是起漲點，投資人必須要懂得判斷，才能在最好時機進場。

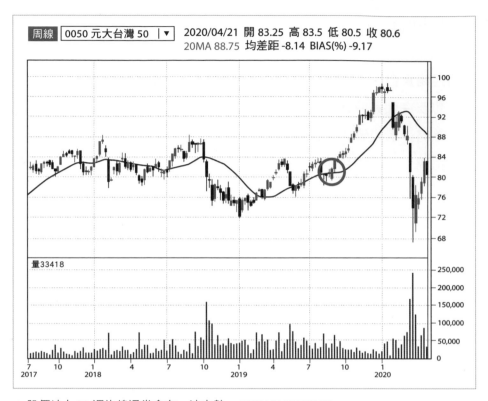

| 周線 | 0050 元大台灣 50 | ▼ | 2020/04/21 開 83.25 高 83.5 低 80.5 收 80.6 |
| | | | 20MA 88.75 均差距 -8.14 BIAS(%) -9.17 |

▲ 股價站上 20 週均線通常會有一波走勢。（資料來源／長線聚寶盆）

飆股女王的投資金句

慢慢來不會比較慢。

堅定信念，紀律投資

波段操作是利用股價的高低起伏，選擇相對低高點進出場，因此需要有堅定的投資原則與強烈的時間概念，必須嚴守進出場紀律，不可隨著短天期的股價走勢高低起伏隨意進出場，否則就失去了波段操作的意義。

嚴守紀律才能控制風險

波段操作不僅重視投資紀律，也相當要求確實控制風險，進場前就必須設定停損點。以超簡單投資法而言，除了自行計算可接受的最大虧損做為出場點之外，當股價跌破 20 週均線時也要立即出場，才能做到長期投資、大賺小賠的目標。

計算風險的方式包括算出均差距與乖離率，以 2019 年 8 月 30 日的 0050 為例，計算如下：

買 入 日 期：	2019 年 8 月 30 日
原　　　因：	股價剛站上 20 週均線
收 盤 價：	81.85 元
20 週 均 線：	80.93 元
均 差 距：	81.85 － 80.93 ＝ 0.92
最大虧損值：	每股最大虧損值為 0.92 元，每張股票最大虧損值為 920 元
乖 離 率：	（81.85 － 80.93）÷80.93 ＝ 1.14% 乖離率代表成本中最大虧損值的比例

台灣 50 ETF 歷年配股配息一覽表

台灣 50 ETF 不僅可以利用波段操作，也適合長期持有，只要持股一
段時間，就可領取配息，以下是 0050 歷年配股配息狀況：

年度	現金股利	盈餘配股	公積配股	股票股利	合計
2019	3.60	0.0000	0.0000	0.0000	3.60
2018	3.0	0.0000	0.0000	0.0000	3.00
2017	2.9	0.0000	0.0000	0.0000	2.90
2016	2.55	0.0000	0.0000	0.0000	2.55
2015	2	0.0000	0.0000	0.0000	2
2014	1.55	0.0000	0.0000	0.0000	1.55
2013	1.35	0.0000	0.0000	0.0000	1.35
2012	1.85	0.0000	0.0000	0.0000	1.85
2011	1.95	0.0000	0.0000	0.0000	1.95
2010	2.2	0.0000	0.0000	0.0000	2.2
2009	1	0.0000	0.0000	0.0000	1
2008	2	0.0000	0.0000	0.0000	2
2007	2.5	0.0000	0.0000	0.0000	2.5
2006	4	0.0000	0.0000	0.0000	4
2005	1.85	0.0000	0.0000	0.0000	1.85
2004	-	-	-	-	-
2003	-	-	-	-	-

單位：元　　資料來源／CMoney

設定停損停利點

「凱凱自從某一檔股票站上 20 週均線之後，就買進長抱不動，但經過 1 ～ 2 個月，遇到大盤偏空，這時他擔心手中持股價格下跌，萌生停損念頭，經過觀察發現股價已經跌破 20 週均線，也跌破上升趨勢線，他趕緊賣出，拿回部分本金，等待下一次進場的好時機。」

▶ 最佳停損停利點，建立在好的買點上

前面提到在出現 4 個訊號就要勇敢斷捨離，包括跌破 20 週均線、跌破上升趨勢線、M 頭型態明顯、股價一次比一次低，這一課也要教大家如何同時設定停損停利的條件。

有許多投資人對於自己的投資方法時常搖擺不定，原因在於沒有真正了解投資方法的原則，而且一心想賺錢的期望大於理性操作，投

資人通常會出現兩種想法，一是認定短線就能賺到快錢，一是認為波段操作太慢，沒耐性長期抱住。

無論是哪一種想法，最常發生在投資人身上的就是已出場的股票，隔天續漲，心裡只好安慰有賺到錢就好，之後眼睜睜看著標的一直上漲，內心扼腕不已。那麼該如何避免這樣的狀況發生呢？答案是：「避免在短時間內頻繁交易」。

「超簡單投資法」強調的是「波段操作」，波段操作最重要的就是抓到股票的起漲點，而所謂的起漲點是指買進股票後，噴出一段漂亮上漲趨勢的時機點。當所選的個股符合股本大於 20 億元、股價站上 20 週均線、股價在底部盤整完成、成交量爆大量等四大條件就可以進場，進場後的首要工作是「設定停損停利」關鍵點。

理財小教室

先學會停損再學會停利

學習投資最重要的關鍵鍵就是學會停損，停損是投資人進入市場後的保命符，想要在股市安然生存，就要真正懂得停損。雖然很多投資人認為自己已經曉得停損邏輯，卻因為沒有確實遵守紀律，以至於常常停損在錯誤的價位，而因小失大，當真正學會停損後才能學會停利。

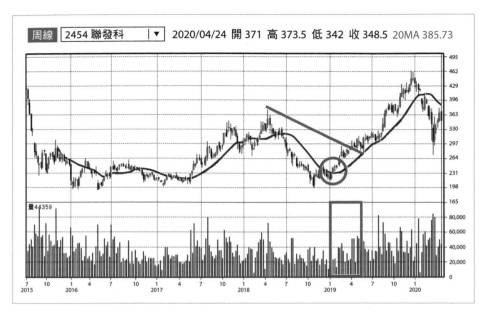

▲ 以聯發科（2454）為例，圓圈處就是起漲點，實線代表股價站上 20 週均線後突破下降趨勢線。（資料來源／強棒旺旺來）

長線保護短線，波段操作才穩健

　　中長期的波段操作需要運用「長線來保護短線」原則，也就是當股票同時符合突破 20 日均線與 100 日均線才能放心進場，若只看短期波動則難以正確判斷股票的長期走勢。

▲ 以聯發科（2454）為例，紫色線是日線圖的 20 日均線，黑色線是日線圖的 100 日均線，100 日均線相當於週線圖的 20 週均線。（資料來源／強棒旺旺來）

▶ 掌握四大停損停利法則

　　停損和停利是一體兩面的，當波段明顯時，停損點同時也是停利點，停損、停利的方式需要依照投資人的現實狀況而定，包括個人可

承受的風險、想要保住多少獲利等因素，選擇最適合自己期望的方式進行。掌握以下四大法則，輕鬆停損停利。

法則 1　股價跌破 20 日均線

當股價跌破 20 日均線即出場，簡單來說就是當股價跌至過去 20 天的平均價格時就賣出，此一方法適合無法承受大虧損風險的投資人，缺點則是較容易頻繁交易，且累積的交易手續費也會成為投資成本。

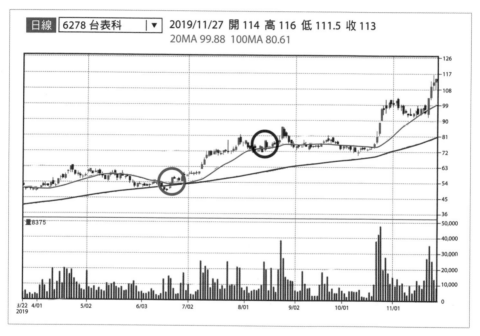

▲ 以台表科（6278）為例，紫色圓圈代表進場點，黑色圓圈代表跌破 20 日均線則賣出，此處為停損同時也是停利出場。（資料來源／強棒旺旺來）

法則 2 　移動停利法，守住前一根週 K 棒

　　移動停利法是在底部進場且有一大段漲幅，擔心若守 20 週均線會獲利回吐成為紙上富貴，為了確實保住利潤可以運用，只要股價跌破前一根週 K 棒的最低點就可以先執行停利，若個股走出趨勢，停利點會隨著股票上漲而越守越高，此一方法適合想要保住獲利或是沒有時間盯盤的投資人，每週花 5 分鐘固定檢視持股現況，將停損點改為前一週的 K 棒低點，這是一個簡單又實用的停損停利方法。原則上只要每天的最低價沒有觸及前一週 K 棒的低點，就可續抱不動，但若是跌破前一週的週 K 棒最低點，就要即時執行停利／停損，避免獲利回吐或損失擴大。

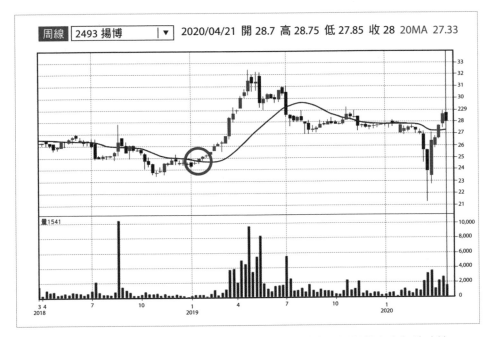

▲ 以揚博（2493）為例，紫色圓圈處代表進場點，之後每一週都觀察有無跌破前一週 K 棒低點，只要趨勢正確，通常都能有波段獲利。（資料來源／強棒旺旺來）

法則 3 │ **觀察關鍵 K 棒**

　　透過觀察關鍵 K 棒也能找出停損停利點，當看到 K 線圖中有爆量的長紅 K 棒或是爆量的長綠 K 棒，都是關鍵 K 棒。鎖定關鍵 K 棒後就可設定停損或停利，另外也可搭配型態的高低點找出停損停利點。每一個投資人的選擇不同，對於停損停利，只要找出自己可以接受且遵守的原則，每一筆交易才真正有意義。

法則 4 │ **股價跌破 20 週均線**

　　有別於前述守 20 日均線的停損停利方法，中長期的投資人可以選擇以跌破 20 週均線為出場依據，此一方法可以享受甜美獲利，也可能讓你獲利回吐且倒賠，適合風險承受度較大的人使用。不過，投資人只要遵守投資紀律，長期下來終能達到大賺小賠、經常性獲利的結果，長遠來看，這個方式相對穩健。以聯發科（2454）為例（見 P.164 圖），若是採用 20 週均線停損，在 2019 年 1 月 17 日以收盤價 244 元買進，直到跌破 20 週均線時，在 2020 年 1 月 31 日以開盤價 400 元賣出，單張股票就可獲利 156,000 元，一年的報酬率達近 61%。

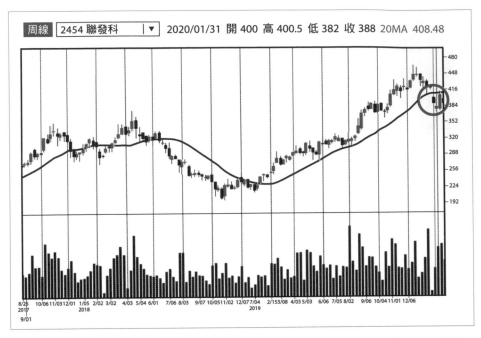

周線 2454 聯發科 ▼ 2020/01/31 開 400 高 400.5 低 382 收 388 20MA 408.48

▲ 以聯發科（2454）為例，在 244 元進場，至紫色圓圈處為跌破 20 週均線 400 元出場，
獲利約 156,000 元。（資料來源／長線聚寶盆 Plus）

LESSON **15**

三不一沒有，
不盯盤獲利法

「『選好股票後，就關掉看盤軟體吧！』CC 謹記這個秘訣，每
次買好股票後就關電腦做別的事情去，盡量不想股票走勢，也不
聽取他人意見，更不會和他人討論股票買賣的事，幾個月下來，
她保持穩定的心性，不受波動影響，果然每個月都為自己加薪。」

▶ 「不」聽，自亂陣腳得不償失

「超簡單投資法」想傳遞最簡單的投資方法給大家，除了實用的
策略之外，也同時考量投資人的情緒及心理素質，想在股市生存最重
要的是擁有強大的心理素質，而不是高超的選股技巧。

累積多年的投資經驗領悟出深刻道理，我強調投資應該遵守「三
不一沒有」的原則，就是「不聽、不看、不說，沒有穩賺不賠」。以
前在券商工作時，觀察到一些有趣的現象，有些投資人總是四處打聽

明牌、到處參加投資顧問、理財講座,甚至同時閱讀多家券商研究報告,每天盤後還耗時做一堆認為投資必做的功課,把自己搞得非常忙碌。然而,多年下來的績效仍然不彰,以負報酬居多。

不可否認,許多投資人都相當認真,畢竟想要在股市獲利就要先學會金融市場的運作方式,並理出一套邏輯。但是做事需要正確的方法才能達到最高的效率,總不能付出所有時間及心力,最後徒勞無功,還賠上大筆辛苦錢。倘若你花了許多精力,有獲得同等報酬,那表示這個投資方式適合自己,若是做了很多功課,績效仍差強人意,那麼就必須好好檢討問題到底出在哪兒?

基本上,投資必須做到「不聽」,在未經證實的情況下,不隨意聽取他人意見,有時股票會隨著市場消息波動,而突來一陣急殺,這時不論是各大媒體、社群網站、投資顧問、親朋好友,都會給出各種「自以為」的建議。但是,這些建議真的對投資有幫助嗎?首先你無法判斷給予意見的人是否真正了解市場,再者一旦聽進不同聲音,就很容易因為意志不夠堅定而改變原來的投資策略,甚至賣出手中持股,改買他人建議的「明牌」,忘了當初說好的「承諾」,投資步調就會大亂,也無法正確掌握進出場原則,落的明明有一手好牌卻全盤皆輸的下場。

▶ 「不」看，看了也無濟於事

　　股市新手剛進入金融市場時難免緊張，常會一直盯著盤勢，只要手中持股稍微一有波動，心情就會跟著起伏，情緒跟著盤勢波動七上八下。因為過於在乎，常常睡不著、吃不好，整顆心全繫在股票上，深怕錯過所有消息，所以四處加入相關投資社群，以為東學西學就能增加投資功力，殊不知如此過量的雜訊，讓投資人無所依歸也無法客觀判斷，做出正確的投資決定。

　　其實，投資應該是一件優雅的事情，不影響日常生活節奏，只要信守紀律，就能以平常心從容面對。投資人必須在進場之前就做好全盤考量，確定進場後，設好停損點，結果交由市場決定。投資是生活的一部分，請平常心看待，做該做的事，不需要時時刻刻盯著盤面，否則看久容易出事，不是還沒漲就賣出，要不然就是正要起漲就已全數賣光，最後只能向隅。

▶ 「不」說，學著跟自己對話

　　每個投資人對於買股這件事有著不同的心情，像是想與他人分享獲利的喜悅，賠錢又急於聽別人意見，這些都是投資百態，人性始終無法避免情緒的發生，只能訓練自己正確應對。所以，對於買股的七情六慾請保留給自己，無須與他人分享，對於股票未來走勢，沒有人

可以給出正確的答案，所以最好的做法就是不要說。

　　股市呈現波動發展，漫長的時間裡一定會有各種漣漪，影響的程度有大有小，投資人最容易在恐慌時尋求他人協助，說穿了只是想找志同道合相呼應才有安全感。此時，記得投資交易是自己的事，必須接受一路的孤獨，惟有穩定自己的心性，強大心理素質，才可以保持原來的操作策略，在股市中長久生存。

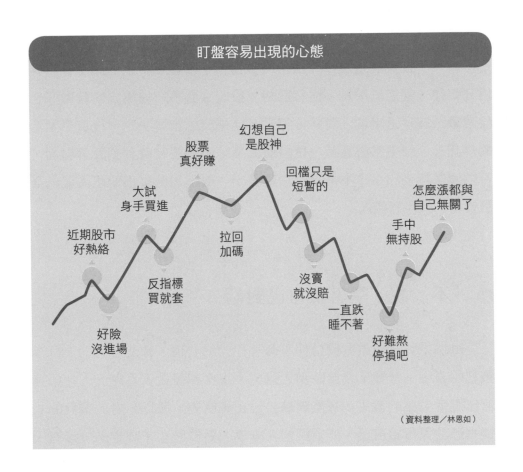

盯盤容易出現的心態

近期股市
好熱絡

大試
身手買進

股票
真好賺

幻想自己
是股神

回檔只是
短暫的

怎麼漲都與
自己無關了

拉回
加碼

手中
無持股

反指標
買就套

沒賣
就沒賠

好險
沒進場

一直跌
睡不著

好難熬
停損吧

（資料整理／林恩如）

▶ 「沒有」穩賺不賠，賠錢是賺錢必經之路

有一次我到銀行辦事時，有一位投資人跑來問我一個問題：「投資到底有沒有穩賺不賠的方法？」我瞪大眼睛反問他：「那你覺得這世界上有長生不老的方法嗎？」他大笑說：「比喻得好貼切」。事實上，大家都曉得投資沒有穩賺不賠，偏偏許多人一生都在苦苦追求，這就是不正確的投資心態，相對也會帶來不好的投資結果。

股票交易是一種機率遊戲，有賺必定有賠，沒有穩賺不賠，這套邏輯運用在超簡單投資法也是如此，沒有任何一個投資方式可以保證百分之百獲利，只有保持穩定的操作，才能有「大賺小賠」的結果。

理財小教室

大盤下跌時，找得到上漲的股票嗎？

每一次只要大盤大跌時，不少投資人就不敢進場，擔心「買什麼、跌什麼」，但投資也可以運用「選股不選市」這個策略，當大盤下跌時，有些股票仍持續上漲。

滑雪帶給我的啟示

2014 年 3 月，我到日本旅行，當時適逢雪季，心想人都來了，怎麼可以不滑雪呢？於是，在沒有仔細評估自己對於滑雪的運動能力，也沒有花太多時間練習，只簡單學會平面滑行。心裡想著：「平面滑行沒問題，要從滑雪道向下滑應該也沒問題！」於是，錯估形勢的我坐了 10 幾分鐘的纜車抵達滑雪道頂端，沿路風景優美，但我無心享受，只聽見忐忑不安的心跳聲，看見陡峭的滑雪道，擔憂著等等如何順利滑下去，但是纜車是單程車道，沒有回頭路。

果然，我完全無法踩著雪撬帥氣的滑雪，現在回想起來，真的好慶幸能平安回來，全程費盡力氣、嘗試各種姿勢，連滾帶爬的滾下來，當中不知道摔了多少次，只記得摔到全身是傷，連手機都摔壞了。

當摔倒在雪地上時出現幾個想法「會不會有人來救我？」、「我會不會被其他人壓過去？」結果大家在雪地上都只顧自己滑雪，根本不會有人相理，唯一的生路就是「自救」，於是，我一次又一次的站起來、摔倒、忍痛站起、摔倒，翻滾了數圈才抵達終點。

交易可以從生活中借鏡，這個慘痛的滑雪經驗，就如同投資交易，用錯誤的方法不僅無法順利抵達目的地，過程中也會受盡折磨。所以請做有把握的事情，找到方法並反覆練習，才能享受成果。

大賺小賠，
很多人都做到了

「史丹佛大學的『意志力科學』課程受到學生歡迎，2008 年第一次開課時，因為太多學生報名，為了容納不斷加選的學生，一共換了 4 次教室，有人上完課因此收拾脾氣，不再對小孩亂發脾氣；有人開始規律運動；有人戒除甜食癮，追根究柢發現；無論是學業、事業或投資，心理素質的重要性遠比技術更重要。」

▶ 沒有穩賺不賠的投資

我們知道股市沒有「穩賺不賠」，那到底賺錢的人都是用何種方式獲利？其實，成功的投資人都是靠著「大賺小賠」累積財富。所謂「大賺小賠」，就是賺大錢、賠小錢；賺錢大於賠錢，最後的結果是「賺錢」，例如 10 筆交易中有 6 筆賠錢，有 4 筆賺錢，但 4 筆賺錢的交易都是大賺，就可以彌補那 6 筆賠錢的損失，甚至還有盈餘，經過長時間的累積盈餘，自然會滾出一筆豐厚的利潤。

那麼投資人要如何做到「大賺」呢？除了不要過度交易外，還要跟隨趨勢、順勢交易，當掌握到正確的趨勢方向時，請緊緊抱住持股，直到盤勢轉向再出場。此時已經抓住波段機會，獲利是市場回報給遵守遊戲規則的投資人。此外，停損更是獲利的關鍵，當觸及停損點時請毫不猶豫的出場，將損失限縮在可接受的範圍就是「小賠」，每一次的交易都要以平常心看待，才能捱到賺錢的那一次。

保持穩定的投資心態包括嚴守投資紀律、保持交易信心、良好風險控管、做好資金分配與確實執行停損等五大重點；反之，錯誤的投資心態則有貪心、妄想、偏執、抱怨等四種人性弱點，以下分別說明：

致勝心態 1　嚴守投資紀律

投資要有所本，就像玩遊戲要遵守相關規則及注意事項，才能安心、安全的玩樂。超簡單投資法的紀律就是：當股票符合站上 20 週均線，以及符合四大法寶後才能出手買進；反之，當股票跌破 20 週均線就即刻停損，而非憑自我感覺，隨心所欲的交易。

致勝心態 2　保持交易信心

在學習投資的一路上，交易信心是最受考驗的環節，市場總是冷酷無情，不會留情面給投資人，又最愛出題磨練投資心性，倘若交易都一直賠錢，就會產生不好的投資經驗，進而啟動人類的保護機制，為了安全不再靠近風險，此時交易信心就容易瓦解。

有時投資是違背人性的，我們必須想辦法克服，那就是抽掉情緒，機械化交易，不帶感情才能戰勝交易。當賠了 N 次之後，再度出現符合條件的股票時就進場，進場的原因不是「賭」而是條件符合。交易信心需要靠一次又一次的操作才能體悟箇中道理。

致勝心態 3　良好的風險控管

　　你我都不是天生財力雄厚的天之驕子，行走在金融市場，風險無所不在，每一次投資前都必須做好風險評估，再三確認自己的虧損承受度，絕對不是嘴巴上說說而已，而是要說到做到，愛錯了不甘心不放手才是最大的風險。

致勝心態 4　做好資產配置

　　投資理財不是賭身家，買股票更不可以孤注一擲，應該做好風險分散。投資的資金一定要是不影響日常生活運作的「閒錢」，就算賠光也不至於破產。另外，全面考量投資理財的資產配置，例如存款、股票、期貨操作等，其中進入股市身邊至少保留三成資金，以備不時之需，無論是東山再起、或是乘勝追擊，都需要有資金才能執行。

致勝心態 5　確實執行停損

　　面臨停損之際，絕對是一場天人交戰，當初確定的進出場原則，最容易在此刻拋諸腦後，因為「不甘心」。停損是需要不斷練習才會練就的功夫，遇到停損請當機立斷砍單出場，不可以躊躇不前，往往一個遲疑就會擴大損失，陷入賠太多會捨不得賣、最後演變成越賠越多的結果。

▶ 聚焦四大錯誤投資心態

（ 錯誤心態 1 ）　**貪心——忘了初衷**

　　當持有部位開始獲利時，心中小惡魔就會降臨，它會忍不住說：「怎麼買這麼少？應該再加碼啊！」等小劇場，當有這種念頭就容易亂了交易方寸，忽略資金控管的重要性，也將當初自己訂下的交易策略拋之腦後，最後胡亂加碼，不只亂了買進規矩，連該怎麼賣都模糊不清，最後使得資金暴露在高度風險之下，十之八九導致虧損的局面。

（ 錯誤心態 2 ）　**妄想——不可能檔檔獲利**

　　每一次看個股線圖，眼睛總是不自覺的尋找最低點和最高點，然後開始想像每一個高低點都能精準掌握，以為自己的交易永遠能夠「買在最低，賣在最高」。這是一件不切實際的事情，就像買樂透，在還沒中獎之前，內心已經過足有錢生活的乾癮，然而回到現實中，不過是一場空，因為幸運兒不是你。超簡單投資法運用波段交易，買在相對低點、賣在相對高點，並利用趨勢賺取部分獲利，就像是魚身理論，魚頭有刺、魚尾沒肉，魚身最肥美，若享用到最肥美的那一段也是讓人回味。

（ 錯誤心態 3 ）　**偏執——不願面對真實**

　　偏執容易發生在不認輸、不甘心的投資人身上，他們通常心態比較消極，當賠錢時就會催眠自己：「沒有賣就沒有賠，一切只是帳上虧損，最終肯定會賺回來。」但這樣的心態和當初進場時的想法完全

不同，賠錢長抱堅持不賣，也就是俗稱的「凹單」，然而當股票稍微有漲勢就火速賣出，長期下來不僅沒有獲利，還賠上金錢和時間，簡直就是傷心又傷荷包。

理財小教室

何謂「凹單」？

當股票已經跌落至原本設定的出場價，原則上應該要立即停損賣出，但投資人卻不認輸，反而繼續抱著等待行情反轉，就是凹單。

錯誤心態 4 **抱怨——不滿足的心**

喜歡抱怨的投資人通常有著不知足的心態，當股票賣出之後，股價有可能持續往上，有些投資人就會開始抱怨怎麼沒有賣在最好價位，卻忘記操作應該是依照策略執行，如此不正確的投資心態就算是賺錢也感覺不開心。倘若遇到虧損較大時，周圍的親朋好友可能會陷入「怨念的颱風圈」一起聽抱怨，持續低氣壓的投資氛圍將會賠掉生活品質。

理財小教室

心理素質比 IQ、EQ 更重要

良好的心理素質比 IQ 和 EQ 更重要，好在心理素質像肌肉一樣可以鍛鍊，只要維持機械化操作，不加入過多情緒，就能漸漸突破障礙，在該投資時積極行動、該脫手時毫不猶豫。

▶ 簡單的方法最好用

　　股票運作的道理很簡單，當股價上漲時會從低價往高價走，相對的，當股價下跌時就會從高價往低價走，我們只要設定一個中間的參考價格，做為買賣的基本依據，就能在股票市場中長期操作。而超簡單投資法就是利用 20 週均線操作法，並且搭配均線、趨勢線、型態、成交量等四大法寶做為交易策略，投資人只要穩定操作，極度相信，長期就能達到大賺小賠的目標。其中，當出現停損跡象時就要對股票有敏感度，關注是否會跌到自己預設的停損點，若已經跌破 20 週均線就該即刻出場，才能將損失降到最小。

　　在金融市場生存多年，光是確實嚴設停損點就學了好幾年，當中也付出過慘痛的代價，繳出昂貴的市場學費買來的寶貴經驗。在經過一次又一次的修正調整，徹底嚴格執行停損，將停損內化為投資DNA，才讓我一路走到現在，停損說來簡單，但真正發生時願意立刻果決執行可不容易，畢竟人性總是選擇寬以律己，抱持再看看的念頭，通常那個「再看看」會讓人錯過最佳出場時機，「看」到最後的結果就變得萬念俱灰，若想在股市長期交易，必須真正學會停損。

飆股女王的投資金句

良好的心理素質遠比 IQ 和 EQ 更重要。

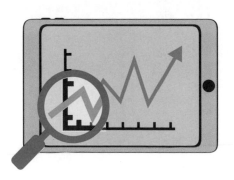

第 4 章

開始聰明理財，選對股是關鍵

在前面第一～三章中，我們提到理財的重要性、認識「超簡單投資法」，以及落實投資的方法，為什麼理財如此重要？因為，當你開始正視投資理財時，才能深入了解實際用錢狀況，試著分配資產，進而減少不必要的支出，創造更多收入。

剛開始接觸股票，勢必會遇到選股問題，像是選出的股票檔數太多，不曉得該如何挑選？以及如何幫持股健檢？手上資金不足，不知道如何分配運用？以及如何幫持股健檢？這一章節中將再次介紹超簡單投資法的選股策略，並說明如何定期幫持股健檢，透過簡單的 SOP，沒有複雜的分析方法，輕鬆檢視手中股票。

個人理財規劃
就從「現在」做起

「阿才是一位年過 30 歲的上班族，嘴巴經常嚷嚷著要學投資，希望學會理財和投資，做好財務管理，幫助自己加薪，但說和做完全是兩回事，心裡想但沒有行動一切都是空談。做好理財和投資的方式並沒有想像中困難，最重要的就是決心，最好的理財時間就是『現在』，假如什麼都沒做，永遠都不會有任何成績。」

▶ 從「現在」起，就要做好理財規劃

在第一章中，我們已經提過理財的重要性，理財規劃關乎人生規劃，做好財務管理才能進一步實現各個階段的人生目標。

做好理財規劃要從管理收支、設定儲蓄目標開始，在前面我們提過管理收入及支出的重要性，列出明細了解自己的用錢去處，並且區分出「需要」及「想要」，從中刪除不必要的開銷；在儲蓄目標的部分，

以剛出社會的小資族來說，短期可先以 50 萬元為第一桶金的目標，比較容易達成，之後再慢慢累積第二桶金、第三桶金。

每個人都要做好理財

　　那麼何時才是最好的理財時機呢？答案就是「現在」。每個人都希望能提早退休，達到財務自由，享受安逸生活，這些期望都必須從早一點理財開始。理財可以幫助自己做好個人財務規劃，並且進一步實現人生各階段目標，而且理財越早開始越好。

　　試想，當我們年輕時剛踏入職場，負擔相對較輕，沒有結婚生子、買房買車的壓力，此時沒有過多的額外開銷，這個階段是透過儲蓄累積資產的好時機。隨著年紀增長，大約 30 ～ 35 歲時開始規劃下半段的人生，此時大筆開銷接踵而來，除了要成家，還有扶養雙親的壓力，這時候三明治人生的重擔正要開始，因此趁早開始理財相當重要，做好規劃讓人生下半場過得更精彩。

與錢有約，落實執行

　　知道理財的重要性之後，接著就是訂立目標，並且有系統的執行，人生不能漫無目的地想到什麼就做什麼，需要做好規劃並確實執行，人生才有意義。舉例來說，計畫在 3 年之內從小公司跳槽到大公司，那麼就該條列出所有要達成的目標，包括所需具備的專業能力、累積的作品經驗、建立相關人脈等，有目的性去執行，展現出來的企圖心及信心才能達成目標。

理財也是，設定短期、中期、長期目標，分階段逐一實行，但是該如何有效率的達成目標呢？那麼就關乎自己怎麼做好計畫，想要一步登天，馬上達標是不可能的事，必須按部就班一步一步前進，將大目標拆解為小目標，就像準備考試，讀完每一小章，最後讀完所有章節並準備大考。舉例來說，小資族先以 50 萬元當作人生第一桶金的目標，那麼就從每月固定提撥薪資的 2 萬元存入銀行，需要 25 個月達成目標，當兩年 1 個月過去就能成功累積到 50 萬元資金。

每一種習慣都需要刻意養成，當你一步一步確實執行，就可發現每一步力量的強大，每一步都牽引著下一步，每一步都是下一步的基礎，打好每一個基礎才能讓成果豐富且扎實。

沒有永遠的職場，未雨綢繆預做準備

近年來日本流行「社畜」一詞，比喻日本上班族自嘲為了微薄的薪資而低聲下氣，任由自尊被踐踏、權利被壓榨，是公司所養的畜牲，這一詞成為上班族最火熱的嘲諷專用名詞，卻也道出許多人的心聲。雖然這不是職場上每一個人的處境，但現實社會中的確有很多人為了生計，把一生獻給公司，不惜為公司賣命，爆肝熬夜加班，努力付出的結果不見得成正比，甚至賠上健康。

社會的變遷隨著世代交替，人們生存的節奏不停在改變，許多工作無法保證長期穩定，不像以前的企業可以讓員工工作一輩子，這是現代人必須接受的事實。現今普遍現況是，當你在一間公司待得越久

就越要提高警覺，資深員工會成為最沉重的人事包袱，當大環境不景氣時，企業為了生存，必須縮編、裁員、資遣，這一群人絕對是優先淘汰的人選。未來能讓你做到退休，養活你一輩子的公司將越來越少，你，準備好了沒？

▶ 做好資產分配，讓錢為你工作

在下定決心開始理財之後，可以從分配資產做起，經過檢視及評估才能計算可以運用的投資本金。其中，資產配置的部分可將自己手邊的資產分成三份，包括一個月必要的生活開銷、緊急預備金以及儲蓄，三者比例大小依照個人需求分配，但要提醒的是，必要開銷僅限於真正需要的支出，而非娛樂開銷，緊急預備金則建議準備 3 ～ 6 個月以上的基本開銷，預防非預期的支出，例如醫療費，而儲蓄則是依照財務目標訂定存錢目標。

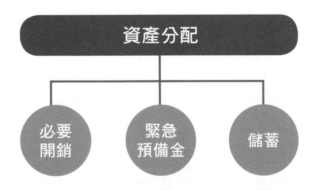

以擁有資產 50 萬元、每月生活開銷 12,000 元為例，經過估算，緊急預備金至少是 36,000 ～ 72,000 元，儲蓄因人而異，接著，再做投資本金規劃。

創造「被動收入」的重要性

當累積到一定存款之後，就可以開始規劃投資本金，投資本金必須是一筆專門用來投資的專用閒錢，不可和固定存款混在一起，建議另設立投資帳戶，將投資本金存入，方便定期檢視投資狀況、虧損和獲利情形。

投資的目的在於讓自己的收入變得更為廣泛，而不僅是靠領薪水過日子，隨著年紀增長，身體狀況也會逐年下滑，無法像年輕時用勞力換取金錢，也無法整天盯著電腦不喊累，尤其若遇到經濟不景氣、產業變動、公司裁員等不可控制的情況發生，那就更應該開源創造收入。

英國牛津大學副教授麥克・奧斯本尼（Michael A. Osborne）與卡爾・佛雷曾（Carl Benedikt Frey）曾經針對美國、英國和日本提出一項報告，內容指出在未來 20 年中，人工智慧（AI）有可能取代美國約 47% 的職業，英國部分則是 35%，日本則是 49%，這說明未來 AI 極有可能取代人工，代表將出現更多失業人口。

其中，最有可能被取代的職業包括一般行政人員、銀行櫃檯、警

衛、汽車組裝人員等，這些工作相對較形式化，透過電腦可以取代執行；而取代性相對較低的職業則有室內設計師、醫師、幼教人員、編輯人員等，擁有專業技能，較無法由機器人取代。

由此可知，每個人都要尋找開源，所以創造被動收入格外重要，股神巴菲特曾說過：「人生就像滾雪球，你只要找到濕的雪和很長的坡道，雪球就會越滾越大。」這句話已經完全解釋趁早投資的重要性，其中「找到很長的坡道」指的是「時間」，說明投資要趁早，晚開始的話得更加倍努力、比他人花更多的力氣；「濕的雪」指的是「投資報酬率」，濕的雪球在滾動的過程中會吸附更多的白雪，讓雪球越滾越大，形容隨著時間的累積，投資的成果也會越豐盛。

善用時間優勢，增加專業能力

除了聰明分配資產，善用時間投資也是一件相當重要的事。對年輕族群來說，最大的資產優勢就是時間，而要讓這筆資產發揮最大效益，除了努力工作，最好的方式還有學習投資理財。

以現在最熱門的兼職外送員為例，若是每天花 3 小時外送，每個月或許可以幫自己加薪 15,000 元，但試想這些是用勞力和時間換取的金錢，隨著時間流逝，終將無法持續；相對的，若是將這一筆可觀的時間拿來充實自己，學習用正確方式進行投資，得到的效益將不僅是15,000 元而已。隨著年紀增長，時間和體力將不再是最大的本錢，在有限的時間裡，必須思考做更有價值的事，才能創造更多收益。

▶ 投資是雙面刃，掌握風險最重要

　　投資是一把雙面刃，從小到大我們一定聽過這句話「投資一定有風險，投資有賺有賠，申購前應詳閱公開說明書」，說的就是認清投資風險的重要性，無論是哪一種投資工具，可以賺到錢也可能會賠錢，因此事前更需要做好風險管理。

　　做好風險管理包括進入金融市場前先計算風險、設好停損點，確認虧損接受度再進場，畢竟每一次投資都是辛苦賺來的錢，若是沒有做好風險控管，一不小心賠光本金就會變得痛恨股市，也可能永遠不再踏入股市。因此，隨時提醒自己評估好風險，做自己可以承受的事，選擇適合自己的投資方式與工具，才能讓投資幫助自己。

飆股女王的投資金句

投資股票不是中樂透，不可能買一次股票就人生大翻身。

LESSON **18**

聰明選股，
練習排序做選擇

....

「辰辰是一間網路公司的數位編輯，一開始在投資理財這條路上
並不順遂，她沒有自己的投資方法，總是靠著到處問朋友，跟著
別人一起買賣股票，幾年下來幾乎都是賠錢出場，後來她因緣際
會接觸到『超簡單投資法』，憑著一條均線操作方式，把握進出
場原則，終於在數月後開始累積獲利。」

▶ 選你所愛，愛你所選

在開始接觸投資時，一定或多或少會接觸各種投資訊息，像是財
經新聞、親朋好友分享、網路文章等，建議在理財投資這條道路上，
你必須建立好一套適合自己的投資策略，從頭到尾貫徹執行，不中途
隨意更換方式，反覆執行才能看見成果。

在眾多投資商品中，股票是門檻相對較低、交易邏輯也較好理解

的一項金融商品，但也因為很多人的過度輕忽，在股市中跌得遍體鱗傷，最後只能黯然退場。其實無論是哪一種投資商品，只要理解它，懂得用正確的方法操作，就能在市場中輕鬆獲利、優雅生存。

對於投資股票來說，許多人一開始都因為「選股」這件事而感到無所適從，畢竟要從台股 1,700 多檔股票中選出適合的標的真不容易，因此我們必須要有一套自己的選股策略。市面上選股有好多種方式，包括以研究公司營運狀況的基本面分析、透過數據和圖形判斷的技術面分析，以及觀察股票重要持有者動態的籌碼面分析等，投資新手一定要找到適合自己的投資策略，投資才能順利上手。確定每一步操作都有所依據與邏輯，就能從茫茫股海中篩選出漂亮的股票，並從中有效判斷股票的升值潛力。

▶ 超簡單投資法，看圖選股好簡單

投資新手剛開始會到處找資料，在看過投資方法之後，還是會因為訊息太龐雜，方式難理解、資料太多等原因而選擇放棄，加上現代人工作繁忙，沒有多餘時間分析複雜的資料，以及追蹤消息的正確性，所以投資理財時常不得其門而入。

而「超簡單投資法」解決投資人的這些障礙，採用的是技術分析，利用大數據解析各檔股票走勢，不用在意過多的消息，也不需分析各種

財報數據，用最簡單的方式做為選股策略。

只要以一條均線做為最根本的投資原則，並且搭配均線、趨勢線、型態與成交量等四大法寶，利用圖形做驗證，選出好股票。「均線」可用來判斷股價走勢多空，當股價站上 20 週均線就表示方向偏多；「型態」是判斷底部還是頭部，當 W 底型態成立就容易產生上漲趨勢，反之，當 M 頭型態出現就可能出現下跌狀況；「趨勢線」是判斷上升趨勢或下降趨勢，當股價持續沿著上升趨勢線就表示行情持續，反之，當股價跌破上升趨勢線就表示將轉弱；「成交量」則是判斷股票是否有大戶進駐，當成交量爆量就表示受到市場關注。

▶ 跟著類股輪動，找出領頭羊股票

「超簡單投資法」擁有「強棒旺旺來」、「長線聚寶盆 Plus」兩大選股軟體，透過工具篩選出數檔股票後，若是數目太多，可以用類股輪動的方式進一步挑選，建議每一次投資以 3 ～ 5 檔股票為限，持股檔數不要太多比較容易掌握，大資族可等比例放大持股檔數，切記要做好資金分配與分散風險。

類股輪動中的類股是指某種產業類型的股票，例如：水泥業、觀光業、生技業等，目前市面上的產業有數十種類型，可簡易區分為三大類，分別是傳產業、電子業與金融業；輪動則是指輪流發動，產業有景

氣循環，每一種產業都有機會輪到當領頭羊，引領大盤走勢。當輪到強勢的產業就稱之為領頭羊類股，這類股票比其它股票強勢，也容易受到市場大戶的關注與資金流入，因此又稱之為金流股。「長線聚寶盆 Plus」中的領頭羊類股，可以從類股輪動掌握大戶資金流向的股票。

另外，由於市場景氣有循環，因此在金融市場中不會永遠只是某一種產業一枝獨秀，或者永遠穩坐第一名，每個產業都有機會當領頭羊，找出當期金流股的方式，可以透過觀察市場供需情形判斷，當需求面大於供給面，大家搶著買相關產品，該產業類股自然成為盤面上的吸金股。

例如隨著科技越來越發達，VR 虛擬實境、人工智慧機器人正流行，科技業類股就會變成熱門流行股；又或是寒暑假來臨時，就會帶動觀光業發展；國家正在發展重大建設時，鋼鐵、水泥等原物料需求就會大增，便會帶動相關產業發展，這時就會成為市場上的領頭羊。投資人觀察大數據投資領頭羊類股中具有潛力的股票，獲利機會自然會提高。

不過要注意的是，即使透過類股輪動找出金流股，仍須觀察板塊與金流的概念，所謂的板塊指的是類股，金流則是該類股票中的領頭羊強勢股，當同一產業類型的股票有數檔股票一起上漲，就表示該產業受到市場關注行情較容易持久；反之，當同一產業類型的股票只有一檔股票大漲，有可能只有短暫的行情。

這是因為投資需要跟隨產業與金流，觀察族群才能掌握趨勢的變化。華爾街操盤手傑西・李佛摩曾向他的孩子說過：「不要只看 1 檔股票，要追蹤 2 檔，因為同族群的股票總是齊漲齊跌，若兩檔姊妹股像協力車一般，波動方向亦步亦趨，這個訊號就是最明確的證明。」說明追隨主流的重要性。

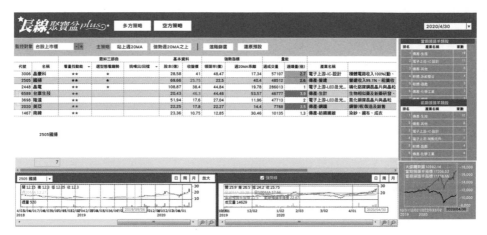

▲「長線聚寶盆 Plus」軟體中有當期與前期領頭羊類股排序。（資料來源／長線聚寶盆 Plus）

理財小教室

何謂類股輪動？

類股指的是某特定產業，像是金融類股、電子類股、鋼鐵類股或營造建材等等，輪動一詞可解釋為輪流變動，「類股輪動」簡單的說就是指產業有景氣循環，從大盤觀察目前是哪一個產業帶頭上漲，還有目前市場上的供需狀況，例如：當需求面大於供給面時，很多人搶著買相關產品，該類股自然就成為盤面上的主流類股，例如疫情發生時的醫療類股。

▶ 檢視個股 K 線圖，好股票自然浮現

當篩選出數個金流股之後，若是股票仍然太多，不知道該如何進一步挑選，可以從個股 K 線圖加以檢視，以超簡單投資法的四大法寶相互比較，包括觀看型態與趨勢線，從中比較出哪一檔股票的線圖較漂亮，從最理想到可接受的往下做出排序，並且計算進場風險，再選出適合投資的股票。

▶ 訓練投資心性，坦然面對漲跌

投資最重要的成敗關鍵在於建立良好的投資心態，擁有正確的觀念、懂得停損、嚴守紀律，才能在金融市場中走得長久。想在股市中獲利除了要有資金，還要有進出場原則，許多散戶在買進股票後，容易受到盤中價格跳動影響，當看到手中持股股價下殺，心情就開始忐忑不安，最初設定的交易策略和進出場原則都在剎那間忘記，一不小心就誤殺手中的金雞母，抱憾出場。若是容易受到市場消息干擾的投資人，強烈建議不要時時看盤也不要加入任何討論，保持冷靜的心。

把握進出場原則，反覆操作，用平常心看待股票走勢，畢竟股票本來就會有漲跌，不論是股價反彈、買進之後不漲、一買就賠或是停損等都是正常現象，別被股價波動搞得心情七上八下，影響日常生活，才能從事長期交易，累積收益。

穩賺不賠是神做的事

　　世界上沒有一種投資方式可以保證穩賺不賠，任何投資都有風險，最重要的是停損點的落實，以超簡單投資法來說，只要嚴守「跌破 20 週均線就停損出場」的法則，當股票跌破停損點時及時截斷虧損，損失就不會再持續擴大，買到好股票抱牢，讓利潤持續增加，長期下來就能做到小賠大賺。

▶ 打破選股盲點，靠獨立判斷的頭腦

　　不論是在股海中已經投資許久的老手，或是剛入門的新手，都會遇到投資盲點，因此判斷是非的能力相當重要。哈佛大學校長德魯・福斯特曾在 2017 年時向新生發表演說，她告訴學生「大學教育的意義除了追求真理之外，最重要的是要確保學生有明辨是非的能力，並辨別有人在胡說八道。」

　　理財投資也是如此，在投資道路上會不斷遇到各種阻礙，投資人在面對挑戰時需要堅定方向，不被小道消息或他人影響，才能在金融市場中安然生存。以下列舉 4 種常見的投資地雷，請投資人小心應對。

（投資地雷 1）緊抱著虧損不出場

　　當買入股票之後，第一件事情請設立停損點，告訴自己當股價到達停損點時就要出場，然而不願意認賠的投資人，每次到達停損點時，

內心就會出現：「再等等，或許股價會反彈回升！」繼續抱著虧損部位不肯出場，最後終究落得長期住套房。適時的停損才能延長自己的投資生涯，當下一次機會來臨時，手上才能有資金重新進場。

投資地雷 2　選擇錯誤標的加碼攤平

加碼攤平是指當股票跌落至一個相對低點時，投資人為了攤平成本進而加碼，達到攤低成本的目的。然而，在股市投資中，趨勢會出現低還有更低，不停損就像是坐上一台沒有剎車系統的汽車，若還想趁機攤平成本豈不是把自己推向危險邊緣。

股市有一句常言：「錯誤的攤平，只會越攤越貧」，當手中持股跌破設定的停損點仍持續賠錢，代表方向錯了，這時候該檢視是否該繼續持有，而非心繫著已經付出的成本，並且一味加碼攤平。

投資地雷 3　認為保守型股票相對安全

很多投資新手總認為購買保守型股票最安全，例如：大型股、金融股等可以當作存股穩穩賺取配股配息，有時會為了賺取股息卻賠上了價差，然而股票市場是動態的，無法保證現在的優質股未來也是，過去有不少績優股變成「積憂股」，若在不對的時機買進，當心被套牢，不少存股標的如中鋼（2002）、神腦（2450）就是血淋淋的案例。

中鋼（2002）在 2003 ～ 2007 年時全球景氣熱絡，加上是原物料的黃金時代，因此中鋼股價一度從 11 元推升到 52 元，一口氣上漲 4 倍，

然而在 2008 年時美國爆發金融海嘯，全球景氣低迷，連帶使鋼鐵原料需求下降，導致中鋼股價再也沒有回到當年高峰。

　　由下表可知，中鋼從 2007 年的年度最高股價 52 元，年均股價 40.6 元，之後每況愈下，到 2019 年時年均股價來到 24.2 元，若是從每股盈餘來看，也就是每一股可獲利多少錢，從 2008 年的 4.49 元一度下滑至 1.58 元，2013 年時更曾下降到 0.39 元，由此可知即使是大型股也需在對的時間才能進場，若在不對的時間點進場，幾乎注定以虧損收場。

2007 ～ 2019 年中鋼（2002）股價表				
年度	最高股價	最低股價	平均股價	每股盈餘
2007	52	32.6	40.6	3.56
2008	54.4	19.2	39.7	4.49
2009	33	21	27.7	2.03
2010	35.8	29.25	31.9	1.54
2011	35.8	26.85	32	2.83
2012	30.9	24	27.6	1.36
2013	28.4	23	25.9	0.39
2014	27	24.6	25.7	1.05
2015	26.75	16.75	22.8	1.43
2016	25.9	17.05	21.8	0.49
2017	26.4	23.65	24.9	1.04
2018	25.55	23.2	24.2	1.09
2019	25.5	22.8	24.2	1.58

單位：元　　資料來源／台灣證券交易所

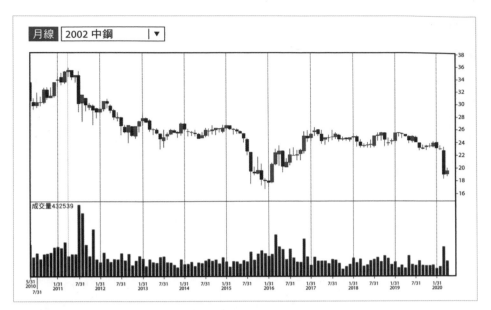

▲ 中鋼（2002）2010 ～ 2020 年股價走勢。（資料來源／長線聚寶盆 Plus）

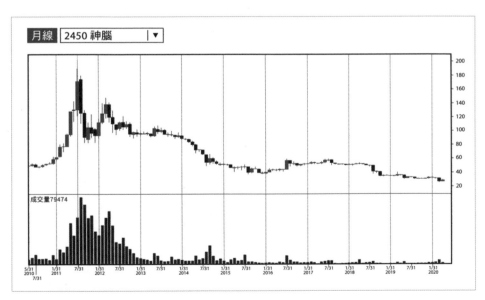

▲ 神腦（2450）2010 ～ 2020 年股價走勢。（資料來源／長線聚寶盆 Plus）

投資地雷 4　豪賭一把就妄想翻身

　　投資並不是像中樂透，中了一次頭彩就賺進高額彩金，一夕致富翻轉人生。投資靠的是本身的紀律、穩定的策略、固定模式的交易，透過長時間累積大賺小賠的成果，但多數投資人看多了各種傳說式的商業廣告，以為隨隨便便就可以快速致富達成財務自由，但真實的金融市場，不可能買一次股票就翻身。

飆股女王的投資金句

離盤面越近交易越容易失策。

LESSON **19**

定時健檢手中持股

「君君謹記著超簡單投資法的每句語錄，自從買了幾檔股票後，她每週定期檢查一次手中持股，觀察股價是否仍在 20 週均線之上以及趨勢現況，再加上紀律操作，總能穩定心性投資。」

▶ 持股健檢，定期管理

　　每個股市交易學派，觀察的指標雖然不同，但無非都是想知道下一步該如何操作？金融市場最有趣的是：每個人都在找尋那個不確定性，但未來的事誰能說的準？所以，我從來不對盤勢做任何臆測，只是按照盤面提供的指引，順著現在的方向下單。有的人專注指標、財報、營收、價值、消息、均線、型態等，常會有人問我哪一種方式行得通？！說真的，我覺得只要能獲利都可行，重點是適合自己而且自己能夠做到。在金融市場找門路，我會建議找一個適合自己的投資方法，而且極度相信，不畏盤勢波動，肯定自己會百分百遵守制定的遊

戲規則，願意長期執行就是好方法。

而這一課要來談的是學會超簡單投資法後，你該如何把手中的持股做健康檢查，學習如何進行交易固然重要，但投資後的定期管理才是決定勝敗的關鍵。就好比車子需要定期檢查、懷孕需要定期產檢、人們需要定期健康檢查，當然股票也是，平時定期追蹤與管理，才能隨時做好應變。

▶ 股票健檢的重點與頻率

手中持股健檢頻率建議一週一次，忙碌的上班族最少應該在每週五下班後打開看盤軟體，觀察手中持股走勢，並觀看健檢重點，決定應對方式。健檢重點仍是第 12 課提到的超簡單投資的四大法寶，包括均線、趨勢線、型態與成交量，以下簡單重述整理說明：

☑ 均線

均線指標是確認持股股價在 20 週均線之上？還是之下？這部分可以直接從圖表上的數字看出，當股價仍然在 20 週均線之上，就可以繼續持有，反之若已經跌破 20 週均線就出場。

☑ 趨勢線

趨勢線則是觀察目前該股的趨勢，除了股價站上 20 週均線，還要

觀察股價狀況，若是股價仍在上升趨勢線中則屬偏多趨勢，是安全範圍；若股價跌破 20 週均線，而且跌破上升趨勢線就是偏空趨勢，請停損出場。

☑ 型態

型態包括 W 底型態、M 頭型態或盤整型態，當股價仍在 20 週均線之上，並且剛完成 W 底型態，就屬安全範圍；跌破 20 週均線若出現 M 頭型態，股價持續下探，就是出場時機；若是出現盤整型態代表局勢不明，可先持有並觀察再決定。

☑ 成交量

成交量主要是觀察有無大戶進駐，若成交量持續爆量，且股價站上 20 週均線則屬安全範圍，若成交量持續爆量，但股價已跌破 20 週均線，就表示大戶正賣出手中持股，必須快速離場保命。

定期持股健檢不僅可以幫助自己檢查股票現況，確認操作方向是否正確，當有狀況時也可以及早做好停損，並決定停損後的下一步，同時也能增加股感，提升選股功力，每週花 15 分鐘檢查、練習畫圖，相信日積月累就能增進投資實力。

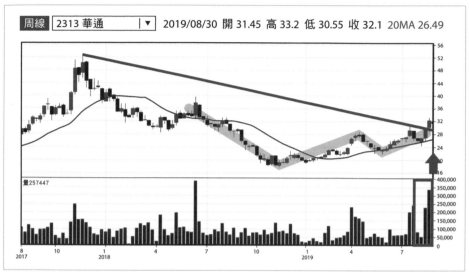

周線　2313 華通　▼　2019/08/30 開 31.45 高 33.2 低 30.55 收 32.1 20MA 26.49

（資料來源／強棒旺旺來）

健檢重點

❶ 均　　線 ▶ 當日收盤價 32.1 元，在 20 週均線之上
❷ 趨勢線 ▶ 突破趨勢線
❸ 型　　態 ▶ W 底型態完成
❹ 成交量 ▶ 成交量放大

　　以華通（2313）為例，可以看到最後一天的收盤價為 32.1 元，比 20 週均線的 26.49 元高，突破趨勢線，並且剛完成 W 底型態，因此可以持股續抱。

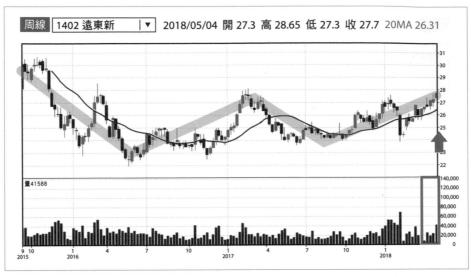

| 周線 | 1402 遠東新 | ▼ | 2018/05/04 開 27.3 高 28.65 低 27.3 收 27.7　20MA 26.31 |

（資料來源／強棒旺旺來）

健檢重點

❶ 均　　線 ▶ 當日收盤價 27.7 元，在 20 週均線之上

❷ 趨勢線 ▶ 趨勢線尚未突破

❸ 型　　態 ▶ W 底型態

❹ 成交量 ▶ 成交量放大

　　以遠東新（1402）為例，可以看到最後天的收盤價為 27.7 元，比 20 週均線的 26.31 元高，並且完成 W 底型態，成交量爆量，因此可以持股續抱。

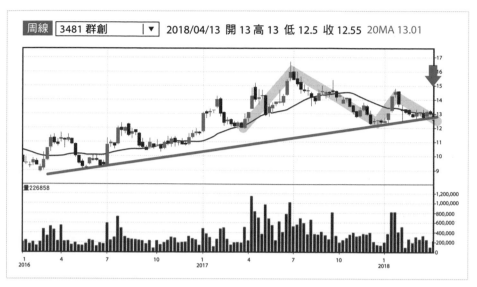

（資料來源／強棒旺旺來）

健檢重點

❶ 均　　線 ▶ 當日收盤價 13.01 元，在 20 週均線之下

❷ 趨勢線 ▶ 跌破趨勢線

❸ 型　　態 ▶ M 頭型態

❹ 成交量 ▶ 空方下跌不需要大量

　　以群創（3481）為例，可以看到最後一天的收盤價為 13.01 元，低於 20 週均線，趨勢線被跌破，並且完成 M 頭型態，因此若手上持有這檔股票那就是下下籤，應立即出場。

LESSON **20**

超簡單投資法，
全球金融市場通用

「小真進入股市多年，經歷過數年的台股交易後，決定開始進行
美股交易，她深知投資美股就等於投資全世界，在美股市場不僅
可以買賣大公司的股票，更能感受到美股市場的熱絡，而她投資
美股時用的仍是『超簡單投資法』，她發覺『超簡單投資法』適
用於任何有量價的金融商品，只要有 K 線圖就可以做判斷，不
必再多花心思研究其他投資方法。」

▶ 超簡單投資法行遍天下

「超簡單投資法」適用於全球金融商品，透過大數據的技術分析，
只要有 K 線圖就可以進行判斷，包括美股、陸股、黃金等商品，投資
人只要將超簡單投資法融會貫通，並利用四大法寶操作，不管身處何
地都可以投資。

過去也有世界各地的學員分享投資獲利的成績單，包括移民美國的學員投資美股、大陸台幹的學員投資陸股、瑞士學員投資全球，以及台灣學員投資股票和黃金存摺等。透過超簡單投資法不僅讓我連結全世界金融市場，也進而牽動起每個人的心，我發覺不少學員都是為了愛而學習投資，曾有學員因為投資失利，在人生最失意的時候，因緣際會認識了超簡單投資法，按部就班的學習，終於逆轉勝翻轉人生。

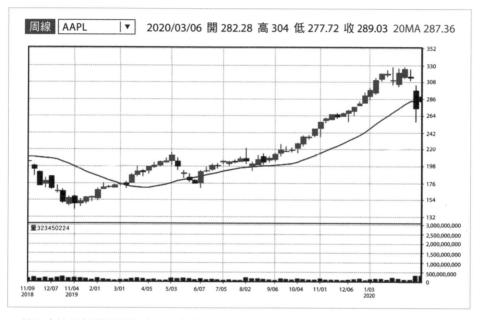

▲ 美股也適用超簡單投資法，圖為蘋果（AAPL）的週 K 線圖。（資料來源／長線聚寶盆＜美股＞）

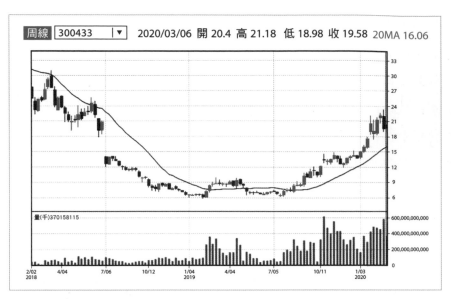

▲ 陸股也適用超簡單投資法，圖為藍思科技（300433）的週K線圖。
（資料來源／長線聚寶盆＜港陸＞）

▲ 黃金也適用於超簡單投資法，圖為紐約黃金近月期貨（GC.NYM）的週K線圖。
（資料來源／長線聚寶盆＜海期＞）

美國學員投資美股

　　曾有移民美國的學員因為在國外工作不易，除了靠穩定的工作收入來源外，也希望能夠創造第二份收入，不僅幫忙養家，也盼能為自己提早存下退休金，他翻來覆去想了許多方式，決定選擇投資來創造第二份收入。

　　在廣大的網路世界裡，他從 YouTube 頻道認識「超簡單投資法」，並將所有的教學影片看完，然後報名參加線上學習。透過幾個月的學習，他開始運用超簡單投資法投資美股，挑選美股的原因除了生活在美國外，還看好美國金融市場規範夠成熟、資訊透明、個股穩定性也高，因此他決定投資美股。他檢視個股 K 線圖，包括股價是否站上 20 週均線、型態是否成立、趨勢線以及成交量狀況，每一次挑選個股都是利用四大法寶做篩選，並且定期檢視手中持股，反覆操作，嚴守進出場原則，他告訴我，超簡單投資法讓他即使身處異地也能累積獲利，交易原來一點都不難，只要將簡單的步驟重複做就能成功。

案例分享 2 　**瑞士學員投資全球**

　　曾有一對旅居瑞士的夫妻檔學員，投資商品廣泛，涵蓋全球金融商品，太太為了想上課學習搭機返台，不論課程辦在高雄、台中或是台北，只要有時間她都會來上課，並且將課堂內容錄給先生看。

　　記得某一次台中場下課結束之後，我問她是什麼樣的動力讓她願意花 15 個小時搭飛機來上課，她說自己原本都是透過網站學習，在網

路上觀看我的文章和影片許久，後來還是希望能夠面對面，學習四大法寶的精髓，包括實際觀看型態、趨勢線、練習畫圖等，因此專程搭飛機回台，她說就算花機票錢也非常值得。

這位瑞士學員提到，在還沒認識超簡單投資法之前，原本都是賠錢出場居多，後來學習超簡單投資法開始逐步獲利，並且擁有不錯的報酬率，繳出從 20% 到 70% 的成績單，利用超簡單投資法不僅提升自己的獲利，同時也更清楚自己適合選擇的股票。

案例分享 3 ｜新加坡學員投資港股

這位來自新加坡的學員，平時只能透過網路的影片及文章認識超簡單投資法，每週五的大盤週報直播是她唯一能與我有連結的時刻，於是，每週五下午 6 點一定準時打開手機聽著週報。

經過一段時日，每週看週報解說盤勢，以及粉絲團不定時分享超簡單投資法的四大法寶運用方式，她反覆練習，先從模擬下單開始，利用虛擬交易初步學習如何買賣股票，接著開始嘗試實際下單，一開始她先從一檔股票開始，投入資金約 100 萬元，很幸運的有 20% 的獲利。她與我分享她的心路歷程，她說雖然剛開始下單時有些害怕，但因為做好反覆確認個股是否有符合四大法寶條件才下單，之後也遵守跌破 20 週均線時賣出，反而讓她覺得很安心。這位新加坡學員說，原來投資股票並不難，只要擁有穩定的心性和嚴守挑選股票的原則，就可以讓自己獲利。

除了上述的案例分享，也還有許多學員的小故事，其中不乏有為愛學投資的媽媽和孩子，曾有媽媽因為不忍心看自己的孩子，每天為了交易失魂落魄，且因不了解金融市場運作天天當沖慘賠，而親自學習超簡單投資法，讓自己不需要透過任何人就可以找到標的，成功累積獲利經驗後，和孩子分享心得並教導孩子如何學習正確投資。

　　另外，也有學員因為看到家人投資股票慘賠，秉持交易一定有方法的信念，從頭開始學習，當熟悉超簡單投資法成功獲得報酬後，並分享喜悅給家人，讓家人重新建立正確的投資觀念。

　　「超簡單投資法」操作方式簡單，適用於全球金融商品，只要利用 K 線圖就可以搭配四大法寶做判斷，想在股市中獲利，除了要擁有資金，也要努力學習做功課，秉持虛心的態度持續練習，天底下沒有白吃的午餐，在金融市場中也是，投資要自己學、自己會、自己懂，做看得懂的投資，且要承擔盈虧勇於認輸，記得保持紀律操作，嚴守進出場原則，才能在市場中走得又長又遠！

致富QA
大進擊

實際進入股市開始交易之後，面對瞬息萬變的金融市場波動，除了穩定投資心性、堅持信念持續操作之外，對於股票仍然不會判斷型態、趨勢等情況，甚至買進股票後就開始盤整，沒有明顯波動的走勢，遇到這類型的問題該怎麼辦呢？

投資人遇到的常見問題，包括如何判斷進出場點？如何做好資金控管？心性不穩定時該怎麼辦？以下為投資人逐一解答，記得剛開始接觸投資時，需要反覆練習累積經驗、遵守紀律、強化投資心性，才能在金融市場中走得長遠！

Q1　何時該進場和出場？

A：以超簡單投資法的原則，最簡單的進出場指標就是以 20 週均線為依據，當股價站上 20 週均線時買進、跌破 20 週均線時賣出。此外，進出場也必須搭配四大法寶—均線、趨勢線、成交量、型態，當符合相關條件時，能夠更精準判斷買進賣出的關鍵點。最重要的是進場前先設好停損點，同時把握「慢慢進、快快出」的原則，當機立斷的處理持股。另外，進場原則請於每週最後一個交易日，確定股價在收盤時站上 20 週均線再買進；出場原則為股價於任何一個交易日，若跌破停損點就應立刻出場。

Q2　如何分配手上資金？

A：請準備一筆不會影響日常生活的「閒錢」再進入股市投資。以新手來說，建議先存 50 萬元，每次投資股票檔數約 3 ～ 5 檔，平均分配以達分散風險。另外，身邊永遠要保留至少三成的現金，千萬不要一次投入全部資金，以免股價發生非預期性的崩跌，到時沒有現金可以運用，難以東山再起。

Q3　過多的股票檔數應該如何選擇？

A：利用超簡單投資法選出符合條件的股票之後，若發現選出來的股票還是太多，可以利用類股輪動原則，挑出數檔優質的金流股，也可再

次利用四大法寶進行篩選，逐一檢視個股圖形，選出技術線圖漂亮的股票，並計算自己能接受的個股最大虧損風險進行排序，從中挑選出前 3 ～ 5 檔的股票進行操作。

Q4　投資心性不穩定該怎麼辦？

A：想要透過投資獲利，最重要的前提就是訓練自己的投資心性，不受任何外力干擾，股價上下波動實屬正常現象，不必過於在意。若是發覺自己很難不在乎，應盡量避免參加過多的投資社群，因為吸收太多無效資訊，反而容易影響判斷力。記得只在必要時檢視持股，堅守「不聽、不看、不說」法則，例如：每週五檢查股價有無跌破 20 週均線，反覆提醒自己遵守遊戲規則，訓練靜心與耐心。

Q5　資金有限應該如何選擇標的？

A：手上資金有限時更要做好資金控管，不要過度買進股票，可選擇 1 ～ 2 檔穩定的大型股開始投資，同時繼續學習投資方法，包括控制風險，學會面對虧損，增強自己的投資心性，慢慢累積經驗才能累積財富。

Q6　如何挑選出潛力飆股？

A：挑選股票可以選擇大型股本的股票入手，例如台灣 50、台灣中型 100 指數的 150 檔股票，因為公司股本大，代表流通性佳，較無人為

操作的問題。選定個股後，運用超簡單投資法的四大法寶進行判斷，包括是否突破趨勢線、型態出現、成交量增加等條件。或是，選擇剛盤整結束的個股，因為股價起漲之前一定會先有一段醞釀期，盤整結束加上趨勢來臨，就有機會發動漲勢。

Q7 如何判斷趨勢線？

A：趨勢線分為上升趨勢線、下降壓力線與橫切線，其中，上升趨勢線是指股價在過去某一段時間內往上走，找出連接股價波動的低點，兩點相連，畫出股價趨勢，中間不能有 K 棒穿破趨勢線，若發現趨勢線往上，就表示股價正持續攀升。

反之，下降壓力線是指股價在過去某一段時間內往下走，找出連接股價波動的高點，兩點相連，畫出股價趨勢，中間不能有 K 棒穿破趨勢線，若此一趨勢線往下，就代表股價正形成持續走弱。

另外，第三種趨勢線是橫切線，是指局勢不明的盤整狀態，趨勢線的畫法是找出連接股價波動的高點，兩點相連，中間不能有 K 棒穿破趨勢線，若該線條呈現水平狀，就表示股票正處於盤整格局。

Q8 型態的 W 底和 M 頭怎麼看？

A：W 型態指的是股價的位置位於相對低檔，從股票某一段時間的技

術線圖，找出其中兩個低點，隨著 K 棒走勢以線條方式連接，接著判斷走勢有無出現如「W」的樣貌。

M 型態指的是股價的位置位於相對高檔，從股票某一段時間的技術線圖，找出其中兩個高點，隨著 K 棒走勢以線條方式連接，判斷走勢是否出現有「M」的樣貌。

Q9　具有型態的股票是否比較會上漲？

A：型態是超簡單投資法的四大法寶之一，所以是強勢股必須具備的條件之一，因為股票會上漲必須先經過反覆打底，才有機會突破趨勢線，此一階段的 K 線圖會出現明顯的漲相，可視為起漲前的徵兆。

Q10　如何一眼辨別 M 型態與 W 型態？

A：通常明顯的 M 型態或 W 型態必須經過一段長時間股價的大幅波動才會留下軌跡，遇到股價波動起伏較小，高低點沒有特別明顯時，表示該股票正經歷盤整階段，較不易看出型態，此時僅需要等待走勢有明顯起伏之後，再進行操作的判斷。多練習、勤畫圖，假以時日會發現 K 線圖正在和你對話。

Q11　如何避開盤整型態？

A：根據歷史回測，股市有七成的時間都在盤整，當個股處於盤整階段時，波動較小並無明顯的走勢，此時，投資人以趨勢線工具來判斷股票的表現，同時避開盤整區，但並無法完全避開，股票盤整時可以選擇不進場，守住資金等機會來臨。

Q12　無法忍受等待期該如何調適？

A：別忘了任何事物都要經過時間的考驗，交易需要時間和成本，買進股票後請耐心等待時間發酵，「財不入急門」千萬別有急於獲利的念頭，只要掌握買進、賣出原則，嚴守紀律操作，市場自然會回報豐厚利潤。

Q13　股票被套牢該怎麼辦？

A：當持有的股票因為不懂得停損出場，因持有時間過長被套牢時，請觀察股價是否跌破 20 週均線，只要符合條件就應該毫不留戀出場，以免擴大資金損失。

Q14　如何自己繪製 K 線圖？

A：以前的 K 線圖需要靠人工繪製，耗時費力，隨著科技進步，目前

已有許多券商與看盤軟體可供使用，無須浪費時間自己畫 K 線圖，懂得善用工具才能省時省力，事半功倍。

Q15　如何設定停損、停利點？

A：最簡單的停損、停利點的設定，就是當股價跌破 20 週均線時賣出，另外也可以根據個人的風險接受度設定，例如跌破 20 日均線、每週守前一根 K 棒低點等方法，詳細內容可參考第 14 課「設定停損停利點」。

Q16　股價在 20 週均線附近糾結，請問該繼續等待、還是賣出？

A：有時剛買入的股票就進入盤整階段，一直在 20 週均線點位附近糾結，非常磨人心性，時常讓投資人出現「進退兩難」的心情，此時只要沒有跌破停損點，請耐心繼續等待，無須天天看盤影響情緒。

Q17　如何判斷起漲點？

A：判斷股票的起漲點可以透過四大法寶進行判斷，包括股價站上 20 週均線、出現「底底高」的 W 型態、突破下降趨勢線、成交量爆量等轉強訊息，當出現上述訊號就表示股票即將起漲。

Q18 遇到漲幅已拉大，如何判斷是否追高？

A：遇到股價漲幅已拉出一段距離，請先評估目前股價的最大停損金額是否能夠接受，若經過三思後可以接受再進場，若不能接受請不要勉強追高，免得進場之後因過度恐慌而失策，股票非常多檔，請找符合自己期望的標的物才是正確的選擇。

Q19 停損之後，隔日就回漲應該怎麼辦？

A：停損是在進場之前就設定好的遊戲規則，投資人往往會在停損後遇到股價回漲而心有不甘，其實保持穩定的交易策略反覆操作，才能強化投資心性，嚴守停損點是保護資金的最高原則，一旦到達停損點就應立即出場，即使出場隔日就回漲也不要灰心。

因為投資是長期的事，並不是只交易一次，只要保持心性穩定，遵守進出場的紀律，長期來看可以達到「大賺小賠」的目標，真正累積財富。

Q20 跟著大戶一起買股票好嗎？還是相信直覺買股？

A：進入金融市場，每一個投資人都應該有一套適合自己的交易策略，獨立判斷及應用，以超簡單投資法而言，就是以均線為基礎，搭配四大法寶進行股票操作，其中「成交量」就是做為判斷有無大戶進駐的

指標，所以掌握大戶動態十分重要。此外，投資必須自己懂，最忌諱毫無根據的直覺，世界上不存在預測的神力，任何交易決定都要有強而有力的理由與證據，支持操作的正確性。

股市常用名詞解釋

股市新手在進入金融市場時，就會遇到很多疑問，例如：什麼是外資、什麼是融資？總會被一堆專有名詞及專業術語困擾著，這是每個股市新手都會遇到的問題。這裡整理新手必須知道的股市常用基本名詞解釋，幫助大家輕鬆掌握，快速進入股市。

關於股票發行名詞

▶ 股票

股票一種有價證券，是股份公司為了籌措資金而發行給股東的持股憑證，公司會根據出資人投資的比例給予相對等比例的憑證，也就是股票。

▶ 股票面額

股票面額指的是印在股票上面的金額，過去規定一股 10 元，但目前已經取消此一規定，各公司可以自行決定股票面額，例如 1 元、5 元、10 元、20 元等。

▶ 股價

一般我們聽到的股價是市價，是經由市場交易、透過公開販售而決定出的價格，就稱為股價。

關於證券交易所

▶ 股市

股市全名為股票市場，是股票進行發行、買賣、交易的地方，依據交易股票類別可分為集中市場與店頭市場。

▶ 集中市場

集中市場指的是上市股票在證券交易所，以集中公開競價方式進行交易，交易商品皆為標準化，目前我國集中市場的交易價格是由電腦自動搓合決定，但部分國外交易所則是由人工搓合。

▶ 店頭市場

店頭市場又稱為櫃檯買賣市場，指的是上櫃股票在證券商營業櫃檯，以議價方式進行交易的行為。一般來說大型公司會在集中市場掛牌，小型公司會在店頭市場掛牌，集中市場的大公司流通性比較好，店頭市場的小公司流通性稍差。

▶ 上市上櫃

上市上櫃公司的差異在於審核制度不同，上市公司無論在設定年限、實收資本額、獲利能力、股權分散等都較上櫃公司嚴格。

▶ 開盤

開盤指的是證券交易所每天營業後的第一筆證券買賣。

▶ 收盤

收盤指的是證券交易所每天營業後的最後一筆證券買賣。

▶ 漲停板、跌停板

漲停、跌停代表股票當日最大的漲跌幅，台灣證券交易所從 104 年 6

月 1 日起將漲跌幅度從 7% 放寬為 10%，手中持股的股價一天最多只能有 10% 的漲幅，或一天最多只能有 10% 的跌幅。

▶ 成交量

成交量指的是某一段時間內具體的交易股票數量，可以反映出資金在金融市場進出的情形。

▶ 交割

交割指的是一手交錢一手交貨，在金融市場中，股票交割帳戶就是將股票款項匯入與匯出的帳戶。

▶ 交易日

台灣股票交易採 T+2 日交割，當投資者交易成功後，應於 T+2 個交易日上午 10 點前完成證券交割，遇到假日則順延。

▶ 抽籤

「股票抽籤」正式名稱為「股票申購」，當一家企業準備上市時會以較低的價格賣出，抽籤一次手續費是 20 元，當申購者太多，釋出股票太少，就會用抽籤決定。

▶ 除權息

除權息是指配股、配息，一般會集中在每年的 6 月至 9 月之間。

▶ 停資、停券

停資、停券指的是原本可以融資、融券的股票暫時不能再以融資、融券方式賣出，通常是因為個股有超過融券限額、股票變為全額交易股、下市、有鉅額違約交割情勢、股價波動激烈、股權過度集中、成交量過度異常、即將除權息等狀況。

▶ 融券強制回補

融券強制回補是指以融券放空的投資人，必須將股票買回並還給證券商，常發生在股東會與除權息的時候，原因是企業要確認誰才是真正的股東，才能夠辦理後續股東會和發放配股配息的作業。

和交易有關的名詞解釋

▶ 做多

做多指的是投資者判斷股票會有一波上漲趨勢，因此以現價買入等待持股上漲，並在上漲後賣出，賺取中間的差價，交易的順序為「先買後賣」。

▶ 做空

做空是投資者判斷股票會有一波下跌趨勢，先向券商借股票賣出，等股票跌了再買進還回，賺取中間差價，交易的順序為「先賣後買」。

▶ 停損

停損意即為停止虧損，是用來控制交易風險的方式，進場時先設定停損點，當股價到達停損點時就執行賣出動作。

▶ 停利

停利意即為停止獲利，是用來保障獲利的方式，有些投資人在進場時會設定停利點，當股價到達停利點時就執行賣出動作，以鎖住獲利。

▶ 當沖

當沖全名為當日沖銷，指的是在同一天內，買賣相同數量的股票，達成結清交割的行為，不需要負擔個股本金，只需支付交易手續費，以及當賠錢時補齊款項即可，適合極短線投資人。

▶ 融資

融資指的是當手上現金不足時，可以跟券商借錢做交易，雙方各付一部分的錢來買股票。一般來說，上市櫃股票的融資成數為 60%，但實際仍需以交易所公告為準。

▶ 融券

融券指的是向券商借股票來賣，當手上沒有股票，又看壞市場時就可向券商借股票，原則上需付出 90% 的保證金，但有些特殊情況保證金會提高，實際仍需以交易所公告為準。

▶ 追繳

追繳指的是券商發出「融資追繳令」要求投資人補錢。目前融資維持率為 130%，當股價跌幅過多，融資維持率低於 130% 時，券商就會發出追繳令，要求投資人在兩日內補繳至 130%。

▶ 斷頭

斷頭指的是當投資人沒有在兩日內補齊款項，券商就會在市場上賣出該股票，並且收回借款與相關手續費，再將餘款還給投資人。

▶ 平盤下禁空

平盤下禁空是指平盤下禁止放空，目的是用來抑制股票跌勢，以 2020 年 3 月 19 日為例，當日金管會宣布即日起有條件「禁止平盤以下放空」，只要當天收盤價跌幅達 3.5%，隔天禁止平盤以下放空，可避免個股價格因為放空加速跌勢。

▶ 借券

借券指的是將自己手中股票借給他人，賺取利息，讓他人做履約、賣出利用。

▶ 警示股

交易所判定當股價連續六個交易日大漲或大跌，或是成交量過大，會被列為警示股，提醒投資人注意風險。

▶ 圈存

又稱預收款券，下單之前股票交割帳戶要先有錢，才可以下單，不同於 T+2，提醒投資下單前必須謹慎評估。

基本面的名詞解釋

▶ 每股淨值

每股淨值可視為衡量公司股票價值的標準之一，當公司長期獲利、市場願意給的溢價高時，股價就會高於每股淨值；當公司長期虧損、市場願意給的價格低時，股價就會低於每股淨值。

▶ 股價淨值比

股價淨值比可以做為股票買賣依據，當股價淨值比大於 1，表示市價被高估，價格較高；反之，若股價淨值比小於 1，表示市價被低估，價格較低。

▶ 殖利率

殖利率主要是用來判斷投資報酬率，計算方式是以現金股利除以股票價格。

▶ 本益比

本益比是投入成本與每年收益的比例，計算方式是股價除以每股盈餘。

技術面的名詞解釋

▶ 均線

均線（Moving average）指的是過去一段時間股票的平均成交價格，常見參數有 5 日線、10 日線、20 日線、60 日線、100 日線、120 日線等，投資人會依照習慣的週期單位作為參考依歸。

▶ K 線

K 線圖由紅 K 棒與黑 K 棒組成，黑 K 棒一般又稱為陰線、黑 K、綠 K 等。台股上漲的 K 棒以紅色 K 棒表示（在本書圖示上以紫色 K 棒表示紅 K 棒），下跌的 K 棒則以綠色 K 棒表示。K 棒是用來判斷股市波動的情形，每一根 K 棒都包含四種價格，分別是開盤價、最高價、最低價、收盤價，以記錄當天買賣的交易狀況，當收盤價高於開盤價時就會以紅 K 棒表示；當收盤價低於開盤價時就會以黑 K 棒表示。

▶ 趨勢線

趨勢線分為上升趨勢線與下降趨勢線，上升趨勢線是指股價在某一段走勢期間，低點連接到高點的線；下降趨勢線則是股價在某一段走勢間，高點連接到低點的線。

▶ 乖離率

乖離率（BIAS）做為判斷股價與均線距離高低的指標，當乖離率過大時，表示股票在相對高點，反之，當乖離率較小時，表示股票在相對低點。

▶ 黃金交叉

黃金交叉為短週期的移動平均線向上穿過長週期的移動平均線,例如 20 日均線向上穿越 100 日均線,當出現黃金交叉時,表示股價可能將有一波上漲*趨勢*,可視為買進訊號。

▶ 死亡交叉

死亡交叉為短週期的移動平均線向下穿過長週期的移動平均線,例如 20 日均線向下穿越 100 日均線等,當出現死亡交叉時,表示股價可能有一波下跌*趨勢*,可視為賣出訊號。

籌碼面相關名詞解釋

▶ 三大法人

三大法人指的是外資、自營商與投信,外資為外國機構投資者;自營商為政府核可的證券公司,運用公司的資金進行投資;投信則是基金公司,募集投資人的資金進行投資。

▶ 千張大戶

指的是擁有大量股票的人,他們資金雄厚,是市場主力之一。

▶ 關鍵內部人

公司內部掌握關鍵消息的人，包括董監事、經理人、大股東等核心高層，可從其持股比例高低，觀察股價狀況。

歷年下市公司

終止下市日期	公司名稱	上市編號	終止下市日期	公司名稱	上市編號
2020/01/09	奕智博	5259	2016/03/22	大眾銀行	2847
2019/11/12	陽光能源 -DR	9157	2016/01/26	滬安電力	911612
2019/10/14	綠悅 -KY	1262	2015/12/29	大成糖	913889
2019/08/19	耀傑 -DR	911619	2015/12/28	鴻友科技	2361
2019/06/26	尚志	3579	2015/10/15	台灣人壽	2833
2019/06/10	恒大健 -DR	910708	2015/07/07	勝華科技	2384
2019/05/13	華映	2475	2015/06/17	揚子江	911609
2019/05/02	綠能	3519	2015/05/13	新曄科技	910069
2019/01/30	榮化	1704	2015/03/01	融達	910948
2018/10/01	昇陽光電	3561	2015/01/02	F- 敦泰	5280
2018/10/01	昱晶	3514	2014/12/30	僑威集團	911201
2018/10/01	勁永	6145	2014/12/30	璨圓	3061
2018/10/01	元富證券	2856	2014/09/15	萬泰銀行	2837
2018/09/28	君耀 -KY	6422	2014/09/10	F-IML	3638
2018/09/01	科納 -KY	4984	2014/02/27	華寶	8078
2018/07/11	理隆纖維	1469	2014/02/01	F- 晨星	3697
2018/04/30	日月光	2311	2014/01/28	聯合環境	911610
2018/04/30	矽品	2325	2013/12/03	華豐泰國	911602
2018/01/02	必翔實業	1729	2013/10/15	旺旺	9151
2017/12/13	金衛 -DR	910801	2013/09/12	神達電腦	2315
2017/11/21	台一	1613	2013/07/30	歐聖集團	910579
2017/10/25	萬洲化學	1715	2013/07/12	建興電	8008
2017/10/01	宣昶	3315	2013/05/31	旺能	3599
2017/08/30	全智科	3559	2013/02/01	威力盟	3080
2017/06/30	旺詮	2437	2012/12/28	廣鎵	8199
2017/06/27	新焦點 -DR	9106	2012/11/30	思源	2473
2017/02/02	興航	6702	2012/11/06	超級集團	911606
2016/12/06	華亞科	3474	2012/08/28	萬宇科	9104
2016/11/29	中泰山 -DR	911611	2012/03/28	爾必達	916665
2016/11/01	MSH-DR	911626	2012/03/01	大傳	6119
2016/08/31	上緯	4733	2011/12/01	合庫	5854
2016/08/03	介面	3584	2011/10/07	英華達	3367
2016/07/01	穎台	3573	2011/10/03	寶來證	2854
2016/06/01	奕力	3598	2011/10/01	雷凌	3534
2016/04/29	立錡	6286	2011/06/01	研揚	2463

終止下市日期	公司名稱	上市編號	終止下市日期	公司名稱	上市編號
2011/05/02	金鼎證	6012	2007/08/21	崇貿	6280
2011/01/17	東亞科	9102	2007/07/30	力信	2469
2011/01/03	永信藥品	1716	2007/06/20	碧悠電子	2333
2010/11/15	友尚	2403	2007/06/20	遠茂	3142
2010/10/16	英群	2341	2007/06/20	中華商銀	2831
2010/10/01	誠致	3614	2007/04/30	中聯信託	2827
2010/09/15	奈普	6255	2007/04/13	綠點	3007
2010/09/01	臺灣開億	1523	2007/04/11	嘉新食化	1207
2010/08/16	合勤科技	2391	2007/04/11	中國力霸	9801
2010/06/21	優美	9922	2007/04/02	元京證	6004
2010/06/17	環電	2350	2007/03/19	鼎大興業	2410
2010/04/08	大陸工程	2526	2007/03/12	德寶營造	2523
2010/04/01	飛信	3063	2007/03/01	元砷	3214
2010/03/31	乾坤	2452	2007/01/18	新竹商銀	2807
2010/03/18	奇美	3009	2007/01/01	精業	2343
2009/12/01	全懋	2446	2006/12/19	台東企銀	2811
2009/07/12	華宇光能	2381	2006/12/01	普立爾	2394
2009/04/08	精碟科技	2396	2006/10/24	友立資	2487
2008/11/06	歌林	1606	2006/10/01	廣輝	3012
2008/10/31	飛瑞	2411	2006/09/14	中央產保	2825
2008/10/27	突破	2494	2006/08/08	羅馬磁磚	1807
2008/09/01	倚天資訊	2432	2006/07/12	清三電子	2335
2008/07/14	福雷電	9101	2006/07/12	鴻運電子	2378
2008/06/30	其樂達	3271	2006/06/26	中興紡織	1408
2008/04/23	福聚	1311	2006/06/26	亞瑟科技	2326
2008/03/01	億豐	9915	2006/05/10	陞技電腦	2407
2008/01/31	鼎新	2447	2006/05/01	農民銀行	2822
2008/01/14	雅新實業	2418	2006/03/01	亞旭電腦	2366
2008/01/10	奇普仕	3020	2006/02/07	昱成科技	2533
2008/01/01	復盛	1520	2005/12/30	國聯光電	2422
2007/12/28	致伸	2336	2005/12/26	台北商銀	2808
2007/12/24	和立	2479	2005/11/13	宏傳	3039
2007/10/20	建台水泥	1107	2005/11/09	世平興業	2416
2007/10/20	鼎營	3053	2005/11/09	品佳	2470
2007/10/15	台灣光燈	1601	2005/11/07	銳普	6132

終止下市日期	公司名稱	上市編號	終止下市日期	公司名稱	上市編號
2003/01/08	友力工業	2005	2001/12/19	華南銀行	2803
2003/01/02	第一銀行	2802	2001/12/19	富邦產保	2817
2002/12/31	中國商銀	2806	2001/12/19	富邦銀行	2842
2002/12/31	中國產險	2819	2001/11/30	尚鋒興業	1317
2002/12/23	台北銀行	2830	2001/11/01	聯成食品	1230
2002/12/18	世華銀行	2826	2001/08/24	啟阜工程	2522
2002/11/08	新燕實業	1431	2001/07/02	元富鋁業	1509
2002/11/08	誠洲	2304	2001/05/15	宏福建設	2519
2002/11/08	三采建設	2531	2001/04/10	三富汽車	2202
2002/11/04	旭麗	2310	2001/02/20	台灣工礦	2914
2002/11/04	致福	2322	2001/01/20	楊鐵工廠	1505
2002/11/04	光寶電子	2301	2001/01/20	彥武企業	2011
2002/11/01	立榮海運	2604	2001/01/20	桂宏企業	2019
2002/09/16	立大農畜	1226	2001/01/20	國豐企業	2334
2002/08/22	中興票券	2814			
2002/08/01	亞太銀行	2843			
2002/05/17	中國信託	2815			
2002/05/09	華信銀行	2839			
2002/04/22	匯通銀行	2835			
2002/04/17	名佳利金屬	2016			
2002/04/17	順大裕	9932			
2002/03/26	國際票券	2813			
2002/03/21	宏碁電腦	2306			
2002/02/19	新光人壽	2818			
2002/02/18	台新銀行	2844			
2002/02/18	大安銀行	2829			
2002/02/04	復華證金	2821			
2002/02/04	交通銀行	2824			
2002/01/28	玉山銀行	2840			
2002/01/17	尚德實業	1214			
2002/01/17	高雄企銀	2810			
2002/01/17	中興銀行	2846			
2002/01/17	美式家具	9913			
2001/12/31	中華開發	2804			
2001/12/31	國泰人壽	2805			

資料來源／台灣證券交易所

當自己的人生資產管理師

　　每個人都應該思考人生的核心價值究竟是什麼？值得慶幸的是「投資」一直是我的人生當中最熱衷的事情，如果喜歡的事可以因此讓他人富足，那何樂而不為呢？2006 年諾貝爾和平獎得主罕默德・尤努斯（Muhammad Yunus）曾說：「一個人的影響力，沒有極限。」在祖國孟加拉最動亂的時刻，他毅然回到家鄉，選擇走入人群，創辦微型貸款銀行，幫助窮人創業，30 多年來從未停歇，而尤努斯提倡的理念更被應用於全球數十個國家，幫助超過一億人民掙脫貧窮。幫助他人翻轉人生就是我最重要的人生價值！

　　爸爸與我曾經有一個幸福約定，他說：「如果有一天有能力的話，別忘了回饋社會，人生會因此更快樂。」在金融市場上，看過很多人為了奪金而散盡家產，也有不少人為了一賭運氣，而慘賠人生？我將青春年華的時光全部獻給 24 年的股市生涯，這段人生旅程驚險萬分，曾為了慘賠的交易付出極昂貴的學費，但是也非常感謝上天讓我先體驗過黑暗再走到光明，在人生最低潮的時刻仍然保有積極樂觀的態度，沒有因此而放棄投資，反而將所有無論好壞的交易經驗轉化為前進的動力，從中悟出「超簡單投資」的交易法則。對投資有更通徹的見解。

我將這些年的真金白銀實戰經驗化為文字與您分享，盼能讓投資人避開冤枉路，走上正確的投資道路，直接從最實際的交易策略開始學起。對我來說交易即是生活，交易已經深入日常生活之中，它必須要有原則、有紀律，它更是一種態度、一種理性、一種自主。記住，任何事情都有跡象、有循環，進入金融市場必須學習靜觀其變，相信自己眼睛所看到的數據，而不是相信他人的空口無憑。

　　投資最重要的關鍵不在於一心想著快速獲利，而是在進場前先想好損失，在交易操作時，必須知道萬一和趨勢不同方向時該如何應對？至於能獲得多少利潤就由市場回應，達到心中無股票的境界才是投資王道。

　　「時間和機會」是投資人的好朋友，獲利的關鍵除了選對標的之外，更重要的是堅定抱住的心態，多數人無法賺到錢的原因在於害怕賺大錢，只要稍微一有獲利就馬上出場了結，其實想要賺大錢靠的是時間累積。另外，請將買賣股票當成實體企業來投資，就如同開設公司必須進行事前評估規畫，先設想好所有的風險，而非只是在鍵盤上動動手指頭按一按般的輕鬆。

　　學習理財投資任何時間都不嫌晚，只要你願意起心動念，勇敢跨出第一步，才能有真正的開始。投資人必須擁有人生自主權，做自己的資產管理師，交易請務必「自己學、自己會、自己懂」，學會了就是自己的資產，任何人也帶不走。讀完這本書，相信你在投資道路上

可以啟動自行導航模式，不至於走偏，再也不會沒有主見、無所適從，更不用到處蒐尋無效資訊。只要掌握超簡單投資法的四大法寶—均線、趨勢線、成交量、型態，圖中自有黃金屋，並且運用最真實的買賣大數據，打造專屬的交易系統，做為進出場的判斷依據，強化投資心智用健全的投資觀念，以及穩定的交易策略，創造優雅的投資人生。

國家圖書館出版品預行編目資料

飆股女王林恩如，超簡單投資法 / 林恩如著 . -- 初版 . -- 新北市：幸福文化
出版：遠足文化發行 , 2020.08
ISBN 978-986-5536-08-4 (平裝)
1. 投資 2. 理財

563.5　　　　　　　　　　　　　　109009296

飆股女王林恩如，超簡單投資法
最簡單的方法，最不簡單的投資報酬率

超值加贈 「飆股女王林恩如——新手投資理財 5 堂課」讀者專屬影音

作　　者：林恩如
責任編輯：黃佳燕
封面設計：萬勝安
內文排版：王氏研創藝術有限公司
封面攝影：謝文創攝影工作室

總 編 輯：林麗文
主　　編：高佩琳、賴秉薇、蕭歆儀、林宥彤
行銷總監：祝子慧
行銷企畫：林彥伶

出　　版：幸福文化出版／遠足文化事業股份有限公司
發　　行：遠足文化事業股份有限公司 (讀書共和國出版集團)
地　　址：231 新北市新店區民權路 108 之 2 號 9 樓
郵撥帳號：19504465 遠足文化事業股份有限公司
電　　話：(02) 2218-1417
信　　箱：service@bookrep.com.tw

法律顧問：華洋法律事務所 蘇文生律師
印　　製：通南印刷

初版 1 刷：2020 年 08 月
初版 14 刷：2024 年 05 月
定　　價：420 元